Överlevnad –
för samhället och människorna

Oskar Brandt

Överlevnad –

för samhället och människorna

Porträttfotograf: Patricia Mellin
Omslagsfotograf (händerna som håller ihop): Leonard Heed
Handbildens modeller: Patricia Dumanoir och Oskar Brandt

© Oskar Brandt 2020
Förlag: BoD – Books on Demand, Stockholm, Sverige
Tryck: BoD – Books on Demand, Norderstedt, Tyskland
ISBN: 978-91-8007-228-1

«Hellre äter jag själv, än ser mina barn svälta»
– min morfar Verner Lindblad (1905–1976)

Innehåll

Författarens förord 9

Rättvisa kommer från vänster 10
 Kraschen 2005 10
 Stora problem med evig åtstramning 11
 Inte välfärden som gav 90-talets ras 14
 Den järnhårda lönelagen leder till arbetarens
 mardröm 17
 Förändring är möjlig 20

Samhället och mitt liv 22

Solidarisk ekonomi tillhör framtiden 27
 Systemfel i högerns kapitalistiska modell 27
 Privat egendom ingen mänsklig rättighet 32
 Lånedrivna privathushåll skapar ständiga
 samhällshot 36
 TTIP och andra frihandelsavtal för bakåtsträvande 42
 Euron designad för att krossa Europas staters
 självständighet 46
 Låglönejobb inte bra bas för rikt välfärdssamhälle 48

Offentlig sektor, arbetslivet och välfärden 51
 Trygghet och tolerans hänger ihop 51
 Offentlig sektor behövs visst 54
 Ett mänskligt arbetstempo och en god arbetsmiljö 57
 Vi har råd med välfärden och pensionerna 60
 Marknadshyror en mardröm för folket 62
 Privat sjukvård riskerar att utförsäkra fattiga 65
 Fler banarbetare och allmän upprustning får tågen
 att gå i tid 67

Fram för bekväma klimatlösningar 68

Skolan, kunskapssamhället och kulturen 72
    Vinstfri skola ger bättre skolresultat 72
    En skola, bostadsområden och ett samhälle för alla 74
    Vikten av kunskap och utbildning hela livet 75
    Fri kultur och museer med enbart sanningskrav 80

Alliansfrihet i fred och neutralitet i krig via ett starkt
försvar 82

Det neurotiska renlevnadssamhället 85

Den rödgröna utmaningen 90
    Babysteps mot ett fritt, jämlikt och solidariskt
    samhälle 90
    Vision 91

Saker jag lärt mig om livet 97
    Livet är klurigt 97
    Att kämpa på trots svackor 98
    Sök glädjen i livets regnbåge 100
    Misstag kan leda till framgång 101
    Du är friare än du tror 104

Acceptans i vardagen 106
    Medkänsla med sig själv och andra 106
    Festina lente 107
    Begränsa dina utgifter 109
    Att vara för sig själv 111
    Det stora i det lilla 113
    Odla ditt unika jag 117
    Träning och kost 118

Arbete och hälsa 121

Att hantera utmaningar 127
  När man känner the blues 127
  Konflikthantering 131

En balanserad attityd 133

Referenslitteratur 135
  Böcker eller självständigt publicerade verk 135
  Artiklar eller osjälvständigt publicerade verk 137
  Intervjuer 144
  Uppslagsverk 144

Slutnoter 145

Författarens förord

Med den här boken vill jag verka för såväl ett fungerande, demokratiskt samhälle som omsorg om den enskilda människan. Jag vill också beskriva mina strategier för att göra livet hälsosamt och effektivt efter min stressreaktion år 2005. Kanske kan mina tankar om självhjälp också hjälpa någon annan?

Jag vill tacka min mamma Ann Lindblad för hennes gedigna korrekturläsning och textgranskning av denna bok och vårt myckna stötande och blötande om livet, känslor, stress och samhället. Jag tackar också min gode vän och medflanören med.dr. Per Hellström för hans skarpsynta korrekturläsning och faktagranskning av självhjälpsdelen. Jag tackar min pappa, Christer Brandt, för allt han lärt mig om arbetslivet och samhället samt för hans stöttning av boken. Mina mycket goda vänner Leonard Heeds och Gustaf Mörners och mina fleråriga diskussioner har vidareutvecklat många av tankarna i denna bok.

Andra som kommit med tänkvärda synpunkter på boken är mina fina vänner fil. dr. Lars Gahrn och Marcus Lundmark. Stort tack för inspiration i mina tankar om livet och samhället går också till mina fantastiska vänner Patricia Dumanoir, Matts Falck, Tomas Giotas, Per Erik Oxholm, Stefan Högberg, Johan Kockum, Carl Weibull, Jens Enström, Bengt E. Karlsson, Robin Utbult, med. dr. Nils Sjöström, Lars Alfredsson, Susanna Kovacic, mina andra vänner, f.d. kollegor, särskilt dem på Sahlgrenska Universitetssjukhuset, samt andra vänner och personer som jag samtalat med.

Alla jag tackat har inte nödvändigtvis samma tankar som jag om att hantera samhället och livet.

Rättvisa kommer från vänster

Kraschen 2005

I september 2005 var jag, Oskar Brandt, 29 år gammal. Jag var vältränad efter några års styrketräning. Efter ett antal år på universitet i Sverige och utomlands, hade jag en journalistexamen och en fil. mag. i historia och latin. Året innan allt rämnade, hade jag presterat på hög nivå som skribent på ett museum. Jag kom därefter på anställningsintervjuer till olika toppositioner inom media- och kultursektorerna i konkurrens med hundratals andra sökande.

Ändå fick jag då en psykisk stressreaktion med vissa gränspsykotiska inslag. Jag blev några veckor frivilligt inlagd på psykiatrisk heldygnsvård.

Hur började allt detta?

I valrörelsen inför valet 2006 använde Vänsterpartiet slagordet «Rättvisa kommer från vänster». De borgerliga partierna gick under kampanjnamnet «Alliansen» till val på att verka vara socialdemokrater som skulle rädda välfärden genom att skära ned på socialförsäkringar och bidrag. Särskilt Moderaterna talade om att de önskade att det skulle löna sig för vanligt folk att arbeta. Själv kände jag att de rödgröna partierna och media inte tillräckligt tydligt sågade denna lögn. Därför vill jag i denna bok visa mina tankar om hur de långsiktiga samhällsmålen för det blåa respektive det rödgröna blocket totalt skiljer sig åt.

Men jag kommer också att ifrågasätta politiken, även den rödgröna, för en tilltagande moralism. Skulden för samhällets problem läggs på individen. Allt fler blir stressade av detta.

Boken kommer även att handla om hur jag personligen levt och överlevt i detta samhälle. Konkurrensen i min barndoms stadsdel Askim, Göteborg, var hög om status, karriär, pengar och studieresultat. Trots en medfödd känslighet gjorde jag allt för att lyckas med studier och extraarbeten. När valet 2006 närmade sig var jag en av alla som hamnat i utanförskap på grund av stress.

En sista del av boken handlar om vilka livsstrategier jag utvecklat för att kunna ta mig fram i ett så krävande samhälle som det vi fått. Kanske kan dessa tankar hjälpa någon annan också?

Jag kommer, där jag kan, använda fotnoter med källhänvisningar, men en del fakta är sådant jag minns från mina studier och mina personliga erfarenheter eller av att ha följt nyhetsrapporteringen under hela mitt liv. Annat är logiska slutsatser. Det går tyvärr inte att ha referenser för allt.

Detta är mina tankar om överlevnad i ett Sverige vi alla vill leva i och hur vi som vanliga människor smidigast tar oss fram i väntan på att landet ska bli bättre.

Orden *Nomen Nescio* (latin för «Jag känner inte till namnet») använder jag mig av när en författare inte var utsatt i det citerade verket.

Stora problem med evig åtstramning

Sverige är ett rikt land. Trots det finns fattigdom och många andra problem i samhället. Många arbetsplatser är underbemannade. Resurserna räcker inte alltid till för att kunna göra ett gott arbete. Alliansen vill införa efterfrågestyrda hyror. De borgerliga stödpartierna för vår rödgröna regering pressar densamma att också införa marknadshyror. Detta kan medföra hyreshöjningar på 30–40 % i attraktiva områden. Bostadsköerna är långa. Sjukvårdsköerna och dagisköerna är också långa. Dagens studiemedelssystem räcker knappt till uppehället. Dessutom är återbetalningskraven hårda. Detta skrämmer arbetarbarn från att börja studera vilket ökar klassklyftorna. Den sociala tryggheten blir allt mer urholkad.

Den magra vägen med slimmade organisationer och den mördande konkurrensen är enligt min bedömning ursprunget till alla de problem världen ser idag. Ständiga sociala nedskärningar. Stater som hamnar i skuldkris.

I länder med ekonomiska klyftor så stora att många bor dåligt, trångt och/eller i slumområden riskerar sjukdomar eller pandemier som Corona-viruset att spridas mycket kraftigare än i länder med en relativt stark välfärd som i Sverige. Ändå fick Sverige en stor spridning av Covid-19 på grund av att vi kraftigt skurit ner på vårdpersonalens löner och fastanställningar. Detta gjorde att timanställd vårdpersonal, främst på äldreboenden, fick arbeta även om de var sjuka.

Sedan 1980-talet har vi bantat arbetsplatserna i Sverige och runt om i världen. När kommunismen föll infördes inte socialdemokrati utan nyliberalism med gigantiska klyftor mellan dem som fick och dem som berövades det lilla de haft.

Ebola hade inte spridits om världen solidariskt hjälpt u-länder att bygga upp sina samhällen med effektiva och högkvalitativa sjukvårdssystem. Det var först när Ebola kom till Västafrika med dess extra dåliga sjukvårdssystem som smittan spreds så att den hotade och i viss mån fortfarande hotar att bli en global pandemi.

I flera länder där arbetslösheten bitit sig fast och de sociala nedskärningarna fortsätter, växer högerextremismen som den alltid gjort i liknande situationer.

Om vi vill bli kvitt krig, högerextremism, uppror, oljekonflikter och globala pandemier, så måste:

- världens rika personer, organisationer och stater rikta pengar till fattiga länder så att dessa kan bygga upp fungerande samhällen med bl.a. fungerande sjukvårdssystem
- världens rikedomar fördelas i satsningar på jobb och väl-

färd dels för att hålla köpkraften och de ekonomiska hjulen rullande, dels för att mota bort politisk extremism
- vi satsa på att hitta energikällor som vi inte tänkt på eller lyckats ta tillvara på än. Dels för att oljan sinar, dels för att energi som kol och olja är miljöovänlig. Olika svenska och internationella företag gör solenergi, vindkraft och andra miljövänliga energikällor allt effektivare. Alternativ till oljan finns.

Ekonomisk trygghet och fred behöver inte leda till överbefolkning. En ökad ekonomisk trygghet för världens fattiga gör med all säkerhet att de inte skaffar sig för många barn som pensionsförsäkring. Och ställer vi om samhället till recycling av konsumtionsvaror och för produktion av miljövänlig, förnyelsebar energi, så behöver det inte leda till ökad miljöförstöring heller.

Samtidigt har vi kriser i hela Sydeuropa. Om inte EU hjälper dessa med bidrag istället för lån (för lån har Sydeuropa inte råd att betala tillbaka), så kommer vår svenska export att drabbas och då krävs det kanske drastiska nedskärningar i den svenska välfärden.

Så djupt i botten på alla dessa kriser ligger två stora kriser som är orsakade av dumhet:
- oljekrisen= världen har känt till att den håller på att ta slut sedan 70–80-talen. Ändå har för lite offentliga pengar satsats på forskning kring en alternativ, miljövänlig och förnyelsebar energikälla. Kapitalisterna har satsat stora pengar på att köpa upp alternativa idéer till energikällor och lagt ner dem. Detta får vi nu betala med att oljan som drivit stora delar av 1900-talets ekonomiska boom nu börjar bli för dyr för att hålla konsumtionen och produktionen i gång när den sinar.
- nyliberalism-krisen: konstanta besparingar i lågkonjunkturer leder till långvarigare kriser. En nedskuren offentlig sektor med för små resurser kan inte tillräckligt hålla

sysselsättningen och köpkraften uppe bland allmänheten. Detta leder till att lågkonjunkturer återkommer allt oftare eller varar längre.

Lösningen på samhällets utmaningar är som jag skall visa i denna bok att vi återupprättar frihetlig, meritokratisk vänster-socialdemokrati som måttstocken för vad som är såväl naturligt rättvist som ekonomiskt hållbart.

Inte välfärden som gav 90-talets ras

Alliansregeringens finansminister Anders Borg medgav själv under valrörelsen år 2005 att det inte var välfärden som gav 1990-talets ras. Det var en felvärderad växelkurs och en illa skött makroregim som gjorde detta. Välfärden fick bära skulden som orsak och skulle därför nedmonteras. Istället skulle det privata och marknaden få ett större inflytande i framtiden.[1]

I falska kläder och utan någon tradition av arbetarsolidaritet träder Moderaterna fram som »det nya Arbetarpartiet» 2006.

Sverige såg politikens resultat i skandaler och i det ökande antalet utblottade människor. Arbetslösheten ökade till och med under Alliansens regeringstid trots många nyskapade arbetstillfällen. Arbetslösheten förblev dock fortsatt hög genom ett nytillskott på 411 000 människor på arbetsmarknaden. Priset för de enorma skattesänkningarna var en kostsam ökning av ungdomsarbetslösa och långtidsarbetslösa. Det blev arbetsgivarens marknad. Priset för staten för ett ungdomsjobb, efter sänkningen av arbetsgivaravgiften, blev 1–1,6 miljoner SEK/år. Arbetsgivaravgiftssänkningen ledde bara till 6 000–10 000 nya arbetstillfällen. Utslaget på dessa var kostnaden för varje nytt jobb ungefär fyra gånger mer än den normala kostnaden för ett sådant ungdomsjobb. Hela tiden

14

ägde dessutom en dold försäljning av samhällsfunktioner rum till reapris.[2]

Sedan 1980-talet har ekonomerna sagt att ett systemskifte är nödvändigt därför att välfärdsstaten är en omöjlig utopi. Svenskt Näringsliv, tidigare Svenska Arbetsgivarföreningen (SAF), har drivit opinion mot välfärden sedan 1970-talet.

Statsminister Fredrik Reinfeldt (2006–2014) skrev innan sin tid vid makten i sin bok «Det sovande folket» att «Svenskarna var mentalt handikappade och indoktrinerade att tro att politiker kunde skapa och garantera välfärd.»[3] Uttalandet är djupt antidemokratiskt, då Reinfeldt måste ha känt till orsaken.

Chockvågen som lade grunden för 1990-talskraschen finns dokumenterad i form av 1970-talets globala valutakris och oljekris, som orsakade negativa handelsbalanser med stigande kostnader. Det offentliga Sverige hade vid den tiden falskeligen reviderat nationalräkenskaperna. Det skulle se ut som om Sverige hade en utlandsskuld som vi inte hade och som om det gick sämre för Sverige än för andra oljeimportberoende länder den här perioden. Problemen var påhittade vilket den ekonomiske forskaren Sven Grassman (1940–1992) lyckades bevisa då.[4] Det var med Borgs ord en makroekonomisk katastrof och det har inte trängt genom vare sig till politiken eller medierna.

«The Nixon Shock».

President Richard Nixon beslöt att avsluta den direkta konvertibilitet dollarn höll till guldet den 15 augusti 1971. Detta resulterar i Bretton Woods-systemets sammanbrott. Systemet byggde på att dollarn var en världsvaluta säkrad i guld. Alla andra valutor var i sin tur säkrade i dollar enligt avtalet i Bretton Woods 1945–1971. Vietnam-kriget förbrukade för stora delar av guldreserven för att USA:s guldmyntfot skulle kunna bestå. Från 1965 ökade kostnaderna för Vietnamkriget. 1965 hade USA 24 000 rådgivare i Vietnam för att våren 1968 ha 550 000 soldater.

När dollarn kollapsade, kom den att dra med sig andra stora valutor som i sin tur drog med sig den svenska valutan till botten. Härigenom spreds krisen rakt över världen.

En effekt blev att tung, svensk industri som varven försvann till Asiens låglöneländer. Tekoindustrin likaså. Detta påverkade Sverige som miste sina stora varv i Arendal, Götaverken och Uddevallaverken liksom textilindustrin i Borås.

Samtidigt gick den amerikanska ekonomin för fullt under denna tid. Det ledde till högre priser på varor, högre löner och högre bankräntor. Krigsindustrin var en motor. USA hade då nästan för första gången i historien ett handelsunderskott med omvärlden. Importen från Tyskland och Japan ökade dramatiskt.

När dollarn devalverats med 20 % mot guldets värde 1971 började den amerikanska guldreserven att minska snabbt. Nationer och finansorgan började lösa in sina dollarreserver i guld. USA säljer 1971 ut mer än 30 000 ton guld av ca 40 000 ton.

USA valde därför i augusti 1971 att frikoppla dollarn från guldet. Bretton Woods-systemet som fungerat sedan 1947 rasade samman. Det gav möjligheter för Federal Reserve (FED; USA:s privata riksbank) att trycka mer pengar än den hade i guld.

En inflationsvåg spred sig över världen. Valutakriget började. Oljepriset mångdubblas. Handelsunderskott och arbetslöshet följde därefter i Europa. Nu skapas myten av högerns aktörer om att sossarna skulle leva över sina tillgångar och att välfärden var ohållbar. Men efter sekler av privatiseringar av den offentliga sektorn samtidigt som skattefinansieringen bestod, skulle de privata kapitalisterna visa sig ha mycket mindre emot att den offentliga kakan var stor så länge som kapitalisterna själva fick profitera på densamma.[5]

Samtidigt var riskerna med stagflationen, när både arbetslöshet och inflation är höga samtidigt, för samhällsekonomin överdrivna. Den genomsnittliga arbetslösheten i västvärlden ökade under oljekrisen från tre till strax över fyra procent. Det är mycket lägre än den arbetslöshet västvärlden vant sig vid sedan den drog åt höger på 1970-talet för att som den sade vilja bota «stagflationen». Samtidigt förblev tillväxten i de ledande kapitalistiska staterna under denna kris på 2 %, ofta högre än under de efterföljande årtiondena med nyliberalism.[6]

Nationalekonomen Sven Grassman upptäckte att det var oljepriset på 1970-talet som var boven i dramat. Välfärden blev syndabocken. Grassman bortmanövrerades från sin forskargärning.[7]

Den järnhårda lönelagen leder till arbetarens mardröm

Borgarna sänkte socialförsäkringarna under Alliansregeringarna 2006–2014 och gjorde angrepp på arbetsrätten för att motivera arbetarna att jobba hårdare till lägre lön. Borgarna ville sänka reservationslönen. Därför stramade de åt socialförsäkrings- och bidragssystemen.[8] Reservationslönen är den lägsta lön du är villig att acceptera när du söker ett nytt arbete. Detta är i enlighet med principen om den järnhårda lönelagen. Enligt den så leder brist på skydd av arbetsrätt, socialförsäkringar och bidrag till att de arbetssökande tvingas att ta jobb till vilka villkor som helst. Arbetsgivarna pressas alltid av konkurrensen att hålla så låga priser som möjligt. Då måste de sänka de anställdas villkor så mycket som lagen tillåter. Alltså arbetsrätten, arbetsvillkoren och välfärden i samhället reglerar hur arbetarna längst ned, men också hur vi alla har det.

Under ytan kändes det som om Alliansregeringens jobbpolitik gick ut på att alla, även akademiker och personer med specialkompetens som t.ex. rörmokare, skulle lösa sin arbetslöshet genom att ta första jobb med sämsta villkor de kunde hitta. I längden leder sådan konkurrens till att arbetare blir arbetslösa istället för akademikerna. Då måste de arbetslösa arbetarna bli akademiker för att få arbeten som normalt enbart kräver gymnasiekompetens. Vi behöver ha ett samhälle där folk i stor utsträckning får försöka göra det de är lämpade för. Har någon enbart gymnasiekompetens, får denne söka väldigt brett. Men efter en akademisk examen är det slöseri med samhällets resurser att dessa ska lösa sin arbetslöshet med att söka arbeten som kräver högst gymnasiekompetens. Det är ett heltidsarbete att söka arbete. Men även arbetslösa med högst gymnasieexamen som rörmokare, snickare eller annan eftertraktad yrkeskompetens bör en tillräckligt lång tid få söka jobb inom sin specialisering. Annat vore att kasta bort de pengar och de år samhället och studenten lagt på utbildning. För de flesta är det omöjligt att arbeta heltid och söka arbete på heltid. Vi behöver guida människor till det arbete de passar bäst för. Där kommer de göra störst nytta.

Arbetsgivaren befinner sig i en konkurrenssituation. Hen måste alltid pressa löner och arbetsvillkor samt maximera produktiviteten för arbetarna under rådande villkor. Endast kapitalisten med den billigaste varan till en viss kvalitet överlever i längden. Att som Alliansen gjorde försämra villkoren, som t.ex. socialförsäkringar för de arbetssökande, och samtidigt maximera kraven på hur mycket och hur brett den arbetssökande behöver söka arbete pressar arbetsgivaren att sänka arbetsvillkoren dubbelt upp för sina anställda.

Vad hände under Alliansen 2006–2014?

- produktiviteten (som är viktig för löneökningstakten och för att ekonomin ska fungera) slutade att öka 2007
- Sverigedemokraterna blev stora, antagligen för att arbetskraftsinvandringen även till låglöneyrken avreglerades
- värnplikten togs bort och vi fick ett rekordsvagt försvar
- platserna på polisutbildningen minskade enormt
- kidnappningarna av miljonärerna ökade
- bostadsbubblan skenade iväg
- arbetslösheten ökade
- utanförskapsområdena blev mer problematiska
- det blev svårare att få läsa på Komvux
- 70-talister och tidigare generationer fick sämre möjligheter jämfört med de yngre att läsa på universitet
- självmorden ökade drastiskt när folk fick panik över att utförsäkras
- Fas 3, där arbetsgivare fick bidrag för att tvinga arbetslösa att göra låtsasjobb på endast a-kassa, blev en av Sveriges största arbetsplatser
- det blev svårare att kombinera ofrivillig deltidsarbetslöshet med a-kassa
- offentlighetsprincipen inskränktes i Sverige
- marknadshyror infördes vid andrahandsuthyrning av bostadsrätter
- Alliansen tog bort avdragsrätten för fackavgiften i deklarationen för att minska fackets styrka. Detta ledde till massflykt från facket
- regeringen försvårade att få a-kassa så mycket att bara runt en tredjedel av de arbetslösa kunde få den och sänkte samtidigt ersättningen och fördubblade svårigheterna att förtjäna sig till en högre a-kassa
- man tog bort de flesta arbetsmarknadsutbildningarna, vilket bidrog till den jobbmatchningsbrist som finns i dag i många sektorer av arbetsmarknaden
- Alliansen tog bort de sista bostadssubventionerna för byg-

gande av hyresrätter med överkomliga hyror vilket förstärkte bostadsbubblan

I det framtida, borgerliga drömsamhället råder enorma rikedomsskillnader. Det finns ingen fri skola, vård eller omsorg att tala om. Alla får jobba extremt hårt tack vare en avreglerad arbetsrätt. Det är lätt att förlora jobbet och det råder en stor arbetslöshet med låga ersättningsnivåer i a-kassan om ens några. Hyrorna är maximerade och standarden ofta bristfällig. Det är svårt för många, men särskilt för låginkomsttagarna, att få råd till nöjen. Många jobb är farliga och arbetsmiljön dålig. Den borgerliga utopin innebär obegränsad frihet för kapitalägarna och ger alla andra frihet att välja mellan att arbeta ihjäl sig eller svälta.[9]

Detta antisamhälle uppstår inte genast, men det är dit borgarna vill på sikt.

Förändring är möjlig

Under åtstramningstiden på 1980-talet i Sverige minskades kraftigt det ekonomiska, kommunala studiestödet till ideella föreningar som t.ex. de olika partierna. Det blev svårare att ersätta arbetare då de tog ledigt då och då från lönearbetet för att studera och engagera sig i politik. Samtidigt satsade Svenskt Näringslivs organisationer flera hundra miljoner per år på politikarbete för högerpartiernas medlemmar. Detta var ett kraftigt dråpslag för de rödgröna partiernas politiska aktiviteter.[10]

Men det finns fortfarande mycket vi kan göra med stor betydelse för samhällsutvecklingen. En viktig insats är att rösta. Det är också mycket värdefullt om du aktiverar dig politiskt i ett parti. Om inte något politiskt parti passar dig, så finns det många enfrågerörelser eller fackförbund du kan gå med i. Viktigt att komma ihåg är att folket styr sig självt i väldigt hög grad. Det är din röst på valdagen som avgör hur din tillvaro kommer att se ut. Politik påverkar!

Om du för samtal på jobbet eller över en fika och sprider politiska idéer eller övertygar någon om det rätta i en tanke, så påverkar detta mer än man kanske tror. Förändra världen genom att ha kul och meningsfulla politiska diskussioner.

Samhället och mitt liv

Jag har länge varit intresserad av, funderat kring och läst om hur man blir lycklig, lever etiskt, sköter sin hälsa och arbetar effektivt utan stress.

Jag växte upp i stadsdelen Askim i Göteborg. Där fanns det många väldigt rika medan det i samma stadsdel och särskilt i andra delar av min hemstad fanns många fattiga. Det fanns i min uppväxtmiljö en extrem konkurrens, som jag märkte mest i skolan, och hierarkier där låginkomsttagare kraftigt nedvärderades. Denna uppväxtmiljö fick mig tidigt att ärva mina föräldrars intresse för politik.

Jag vill först börja med att berätta lite om mig själv och min väg genom livet med med- och motgångar. Det är ju det som antingen påverkat eller gett mig mina värderingar eller lärt mig att hantera olika situationer. Dessa olika erfarenheter har lagt grunden för mina tankar kring det goda samhället och självhjälp.

Min ångest över att samhället gick åt höger i samband med min psykiska kris år 2005 och åren därefter fick också mig och en kompis att starta den rödgröna bloggen www.redjustice.net

Dessa båda trådar i mitt liv om hur man såväl klarar livhanken så bra som möjligt som hur man gör samhället rättvist för så många som möjligt har fött denna bok.

Att uppnå mål på mitt sätt blev min livsstrategi efter att jag kämpat så mycket i livet till följd av en medfödd känslighet. Jag andades inte när jag föddes på grund av en svår förlossning. Mammas vatten gick innan värkarna började vilket gjorde förlossningen svårare. Det dröjde jättelänge innan värkarna kom igång och då var de svaga. Mitt huvud satt länge fast i mammas slidöppning. Det gav mig en fysisk och psykisk utsatthet. Jag hoppade över krypstadiet och började gå bara precis innan det ansågs alarmerande sent.

Jag hade delvis världens bästa uppväxt med världens snäll-laste mamma och mormor. Mormor dog när jag var 14. Mormor tog med mig och köpte leksaker och passade mig mycket under uppväxten. Mamma har funnits som det stöd utan vilket jag skulle ha kraschat flera gånger genom livet. Mamma gav mig en kärlek till böcker, språk och att studera. Hon har lärt mig om känslor och relationer. Mamma har också tagit med mig på resor till Storbritannien som hon och jag älskar så. Jag var ett lugnt och filosofiskt barn men hade problem med finmotorik, stamning och uppgifter som krävde händighet. Dessa hinder syns inte utåt. Pappa hade svårt att förstå dem och skällde ut mig kraftigt när jag inte kunde åka skridsko, skidor eller klättra i träd. Men pappa älskar mig jättemycket och har hjälpt mig under mina studier, haft filosofiska samtal med mig som utvecklat mitt intellekt, tagit med mig på bio och spännande resor.

Mina första fem år bodde vi i radhus i medelklassområdet Askim i Göteborg. Sedan skiljde föräldrarna sig och fick var-sin hyresrätt i Kobbegården, Askim. Det var tuffare socialt i hyreshusen. Barnen försökte väldigt mycket vara hårdare, coolare, snyggare än varandra.

Kobbegården låg i en dalsänka. Villorna i Sisjön låg på ett litet berg ovanför och det kändes som om de såg ned på oss hyreshusbarn både statusmässigt och geografiskt.

Jag kämpade med studierna i mellanstadiet. Vi var en klass som blev stökig efter en sammanslagning med en annan klass. Sedan förlorade jag min specialgymnastik. Det ledde till att jag fick det svårare också med det teoretiska i skolan. Det senare är annars min begåvning.

Men studierna började flyta på i högstadiet igen efter att jag återfått specialgymnastiken och på eget initiativ dessutom bytt till allmän matematik. Det var ett lättare matematikal-ternativ som fanns under min skolgång. Den nya mindre ansträngande matematikkursen frigjorde tid till de andra ämnena som jag återfick energin och lusten för. När mina betyg steg, höjdes min status i klassen. Det var en väldigt plugginriktad skola. Man värderades strikt efter sitt utseende, sin studiebegåvning, sin rikedom och sin konformitet. Jag lärde mig jättemycket i skolan, även om tiden var socialt stressande och studierna var krävande.

Jag började tidigt jobba extra, sålde jultidningar i mellanstadiet och kvällstidningen på högstadiet. Extraarbete på snabbmatsrestaurang, i företagsrestauranger, på en brödfabrik och i fartygsbutiker och -restauranger 20–30 % i veckan hela gymnasiet och universitetet och heltid om somrarna. Det var kul och socialt men tärde på mina krafter. Arbetsplatserna var snabba och praktiska i strid mot mina funktionsvariationer inom finmotorik, praktiskhet och stresskänslighet. Även om jag länge presterade lika bra som alla andra, så var detta bara möjligt, enligt läkaren som senare sjukskrev mig för stress, till ett högt pris. Jag kompenserade min motoriska funktionsvariation med min intellektuella överkapacitet. Men till slut var inte denna energikompensation hållbar och jag fick psykisk ohälsa.

Gymnasiet gick jag på Schillerska i centrala Göteborg, ett gymnasium med hög studietakt och bohemiska vänsterelever. Jag studerade hårdare och hårdare för än bättre betyg. Jag åkte på två språkresor till Frankrike där jag lärde känna studieinriktade, härliga ungdomar. Jag började festa lite men mest var det bio, fika, bowling och McDonalds på fritiden.

Jag började läsa mina favoritämnen på universitetet efter gymnasiet och det var underbart. Jag festade, excellerade i studierna och hade intressanta samtal. Läste historia, latin och franska.

På gymnasiet trodde jag att enda lyckan var att bli rik. På humanistisk linje ingick endast ett års matematik men de flesta högskoleutbildningar till välbetalda jobb krävde minst tre års gymnasiematematik så då återstod juristprogrammet. Jag läste två terminer juridik med ett års studieuppehåll emellan men vantrivdes med ämnets strikthet och extremt höga arbetstempo. Jag fick en mörkare livssyn efter att ha gett upp juridiken. I mitt sinne hade tidigare allt varit möjligt, även att jag skulle kunna bli rik. Istället läste jag mer latin och historia, bland annat ett år historia på C-nivå som utbytesstudent i Wales. Det var jättekul med festande med trevliga människor och intressanta studier men jag oroade mig över vad det skulle bli av mig ekonomiskt och jobbmässigt som humanist.

Efter utbytesåret avslutade jag c-uppsatsen samtidigt som jag vikarierade som latinlärare på gymnasiet ett år. Det var kul att jobba med min passion latin. Eleverna var intressanta och roliga. Det var ändå mycket stress och trist administration också. Så jag sökte uppmuntrad av min pappa in på journalistprogrammet som var min andra barndomsdröm.

Jag började visa tendenser på stress då och var inte helt rationell och förmådde inte topprestera även om jag tog mina poäng. Jag hyste en del ångest över om jag orkade predika den perfektion som jag kände att tidningarna ville att deras reportrar skulle göra. Jag undrade också om jag var värdig ett gott liv.

I flera år efter journalistiken var jag arbetslös. Det var knäckande för såväl självförtroendet som ekonomin. Sedan säger beteendevetenskap att arbetslöshet är stressande i sig. Men jag gjorde det bästa av arbetslösheten och sökte en massa jobb och kom på toppintervju efter toppintervju men fick inget napp. Jag blev till slut praktikant på ett kulturprojekt som informatör med PR-ansvar. Tyvärr var jag en av de många som inte fick anställning med lön i projektet utan bara praktikplats med a-kassa som ersättning.

Till slut fick jag praktikplats och sedan en projektanställning på ett museum men med en lön som motsvarade en låginkomsttagares. Jag var psykiskt sliten när jag kom till museet och fick då som pricken över i:et chefen från helvetet som hetsade mig och manipulerade mig varje dag för att få makt över mig och få mig att ständigt topprestera.

Ett halvår efter det jobbet fick jag en psykisk stressreaktion. Jag blev långtidssjukskriven och gick på några år upp 59 kg av medicinerna. Efter ett tag började jag arbetsträna på en reklambyrå. Flera år därefter hade jag tillfälliga anställningar på halvtid varvade med arbetslöshetsperioder. Började så småningom må bättre och gick ned 45 kg men såg smalare ut på grund av hård styrketräning. Slutade storsnusa 2014.

Mellan 2015 och 2020 jobbade jag halvtid som informatör med PR-uppgifter för Psykiatri Psykos, Sahlgrenska Universitetssjukhuset. Jag älskade min arbetsplats och mitt liv. Är lite känslig efter allt jag varit med om och kan vara nere ibland men är bra på att sprida lycka till mig själv och andra.

De senaste åren har varit väldigt tuffa med perioder av mer konstant, lågintensiv ångest, ibland varje dag, men jag har kunnat hantera ångesten bättre. Mellan 2017 och 2019 gick jag igenom en bearbetningsfas av mitt liv. Nu börjar jag nå en acceptans av min situation som utbränd och att jag ändå är en okej medelsvensson.

Min fritid är åter stimulerande och aktiv, men jag måste hela tiden sätta gränser för mig så att jag inte tömmer mig på energi. En hel del inre oro är kvar. Jag blir betydligt lättare än förr tillfälligt trött av stress och kommer inte kunna jobba heltid än på många år och behöver kunna tala ut om min oro med psykiatrin, mina vänner och min familj.

Yttre händelser som miljöhotet, de högerextremas tillväxt, när någon vän sviker mig, om jag är för aktiv ett tag, terrorhotet etc. rubbar lätt min sinnesfrid. Men jag inser att om jag fortsätter ta det försiktigt och samtidigt strävar framåt, brukar jag kunna vackla på och stå pall.

Min kämpaglöd gör att jag ser ljust på framtiden. Därtill kommer allt stöd från vänner, familj och samhället.

Jag försöker se min stressreaktion som att jag fått en chans att anpassa mitt liv efter mina förutsättningar istället för att undra varför just jag haft en sådan otur.

Solidarisk ekonomi tillhör framtiden

I följande kapitel kommer jag att ge min bild av hur samhället fungerar och hur det påverkar mig och många andra.

Systemfel i högerns kapitalistiska modell

Att optimera den ekonomiska tillväxten är som att få en kropp att fungera i ett ekonomiskt blodomlopp. Om huvudet hamstrar allt blod, så kollapsar kroppen när resten av kroppsdelarna som hjärtat, händerna och fötterna inte får något blod. Därför funkar inte girighet som är motorn i högerns kapitalistiska system.

Överdrivet sparande fungerar inte heller för då tas en del blod (= pengar) ur kretsloppet och kroppens olika delar har inte lika mycket blod att driva kroppen vidare med. Vi har stora ekonomiska verksamheter som banker och internationella företagsjättar som samlar pengar på hög och bromsar utvecklingen för att sko sig själva.

Vi hade i Alliansen åren 2006–2014 en regering som stramade åt samhällets resurser i en paradoxal syn på ekonomin och lät stora tillgångar ligga still utan att skapa nytta. 2012 hade Sverige en nettotillgång på 637 miljarder SEK. Priset blir att många i samhället stängs av från kretsloppet. En ekonomi som plundrar sina egna hushåll och sitt eget samhälle. En ekonomi som konsumerar sina resurser som istället borde vara ämnade för ny avkastning. Ekonomi är inte pengar utan pengar finns för att vara drivmedel för att skapa nytt och tillfredsställa folkens behov.

Visst, nu i Corona-tidens 2020, behöver vi pengar att stimulera ekonomin med. Vad var då problemet med att vi förut sparade i ladorna? Jo, pengar är papperspengar som saknar något reellt värde i sig. Pengar är den fysiska formen av förtroendet som finns för att i utbyte mot pengarna få en viss mängd varor eller tjänster producerade vid ett visst tillfälle på en viss plats. Jo, min tolkning är att ju mer man rör sig från platsen och tidpunkten för förtroendet, desto mer utgör pengarna bara inflation eller press på ekonomin att leverera mer, inte för att produktionskapaciteten ökat utan bara för att någon ökat mängden tryckt papper. Det finns i viss mån ett värde i att kunna spara pengar över tid för individer och samhällen, men överdrivs detta leder det bara till en orealistisk press på arbetskraften, naturen och dess resurser vid det senare tillfälle när pengarna används. Vad skulle vi gjort med pengarna som sparades 2012? Jo, jag tycker att vi skulle använt dem då för att stimulera ekonomin när pengarna faktiskt symboliserade ett visst produktionsförtroende. Idag under Corona-pandemin, kunde regeringen låtit Riksbanken trycka pengar åt sig. I högkonjunkturer kan, som ekonomer likt John Maynard Keynes (1883–1946) sade, samhällsekonomin bli överhettad. Då kan flaskhalsar uppstå när en leverantör inte förmår tillfredsställa alla producenters behov av t.ex. verktyg eller annat för att bibehålla de senares produktivitet. Hade ekonomin varit överhettad 2012 och mindre pengar hade behövts i systemet då, hade regeringen enligt min tolkning bara kunnat destruera dessa pengar. Eftersom produktionsförmågan i ett samhälle inte är konstant och naturresurserna inte oändliga, är det i mitt tycke problematiskt att spara för mycket pengar över tid.

Här finns vidare anknytningar till miljön. Om vi förbrukar all metall i jorden, får vi till slut brist på metall. Men om vi återanvänder så tar metallen inte slut.

Så skapa jobb åt alla! Se till att alla anställda har en lön tillräckligt stark för att hålla de ekonomiska hjulen rullande. Se till att de som är sjuka, funktionsnedsatta, ålderspensionärer och arbetslösa får ordentliga socialförsäkringar eller bidrag.

Då kan de som för tillfället inte kan arbeta i alla fall göra nytta som konsumenter. Se sedan till att återvinna det vi tar ur jorden, för då behöver inte jordens resurser ta slut.

När den privata sektorn går bra, kan samhället låta denna sektor använda arbetskraften. I dåliga tider när marknaden är mättad, kan samhället låta den offentliga sektorn växa. Det viktiga för ett samhälles rikedom är att hålla produktionen igång med respekt för arbetskraftens förmåga samt för naturen och dess konkreta resurser. Det gäller att investera i ekonomin, det vill säga att hålla produktionen och konsumtionen igång utan att överskrida människornas eller naturens förmåga och resurser.

Det kan behövas s.k. investeringsbudgetar vid sidan av årliga budgetar i goda samhällen eller företag. Den årliga budgeten upprätthåller balansen mellan kostnader och utgifter över ett år. Men både samhällen och företag kan behöva låta kostnaden för projekt som tar mer än ett år att genomföra att slås ut över en längre tid. För detta behövs en investeringsbudget. På samhällsnivå kan detta handla om kostnaden för att bygga eller rusta upp t.ex. järnvägar.

En viss extra belöning för önskvärda kvaliteter som en akademisk examen, specialistkompetens, ansvar eller kreativitet m.m. är okej. Men grundnivån för löner, socialförsäkringar och bidrag måste vara hög nog att hålla kretsloppen rullande med. När vissa belönas för mycket börjar de att spara istället för att konsumera. Då tas pengar ur det ekonomiska kretsloppet och ekonomin tynar bort. Samtidigt när sparandet används vid ett senare tillfälle, kan det skapa en orealistisk press på det framtida samhällets produktivitet och då skapa stress för arbetskraften och naturen, prisinflation och andra problem.

Samtidigt behöver privatpersoner också spara över tid till större investeringar som t.ex. husköp. Under sin livstid bör en arbetare kunna spara pengar, medan hens pengar fortfarande har ett tidssamband till hens produktiva förmåga. Visserligen behövs de rika i ett samhälle för att inte allt ska detaljplaneras centralt och för att stimulera till önskvärda prestationer, men det är orimligt när vissa föds in i ohemul rikedom och andra i avgrundsdjup fattigdom. Det bör finnas en arvsskatt som jämnar ut skillnaderna mellan inkomstgrupperna i samhället. Det är inte rimligt att säga att jag skall födas till att styra ekonomiskt över samhället, eftersom min förfader för fem eller tio generationer sedan arbetade så hårt. Men som sagt privat rikedom behövs också, men skillnaderna mellan inkomstgrupperna bör inte vara för stora.

Vikingarna antas av historiker ha bidragit till att få fart på ekonomin efter den äldsta medeltidens lågkonjunktur. När vikingarna plundrade kyrkorna på dessas ekonomiskt improduktiva guld och silver, så använde vikingarna sedan stöldgodset att handla med och ädelmetallerna fördes in i det ekonomiska kretsloppet igen. Resultatet var att handeln ökade och ekonomin växte.

Men att ekonomin då kunde växa, när guldet infördes av vikingarna, måste ha berott på att produktionskrafterna samtidigt ökat. Spanien å andra sidan fick efter erövringen av Sydamerika på 1400–1600-talen in en väldigt stor mängd guld och andra föremål som kunde användas som valuta. Detta ledde till inflation i Spanien. Landets samhällssystem klarade inte av att producera tillräckligt med varor och tjänster i förhållande till hur mycket ny valuta man fått in.

Nu är jag inte för individuell plundring och våld mot kyrkan. Men ingen samhällsinstitution bör få hamstra på sig för mycket rikedom. Skatt är en legal form av «plundring» som rätt utförd håller i gång det ekonomiska kretsloppet. Jag anser inte att det var moraliskt rätt att vikingarna plundrade kyrkan, men om det funnits möjlighet för det medeltida samhället att beskatta kyrkan och fördela dess överflöd bland de fattiga, så hade detta varit moraliskt rätt och lika effektivt. Ingen bör vara skattebefriad.

Ekonomin fungerar bäst om alla tillåts bli vinnare. Dessutom måste en ekonomi ha ett verklighetsbaserat förhållande mellan penningmängden i ett område och naturresurserna och arbetskapaciteten i detsamma vid ett givet tillfälle.

Slutsats

Ekonomins ursprung är en del av naturen. Alla naturprocesser utgörs av kretslopp såsom vattnets kretslopp.

Marknadsekonomin består av en konstgjord modell. Den bröt banden till natur, samhälle och människor när den industriella revolutionen kom på 1700-talet med sina egna, nya lagar som inte fanns på riktigt utan var hypoteser. Evig tillväxt är omöjligt på sikt. Naturen behöver tid på sig att växa precis som människor. Det finns heller inte ändlöst växande resurser.

Bristen på cirkulation förklarar problemet med marknadsekonomin. Den innehåller inte ett naturligt kretslopp, utan stoppar upp ekonomins flöde. Högern vill dessutom sänka skatten, som är ett kretslopp. Utan tillräckligt hög skatt samlas för mycket kapital i några fås gigantiska fickor.

Pengar borde finnas för att skapa nytta i nuet men med sikte på en hållbar framtida produktionsförmåga. Pengar har mestadels bara ett värde i hur de upprätthåller produktiviteten i en ekonomi vid en given tid i historien med respekt för den platsens och tidens naturresurser och arbetskapacitet.

Anledningen till att privatpersoner ska kunna spara pengar har mera att göra med att det kan stimulera högpresterare att göra extra insatser för ekonomin som att skaffa sig en samhällsvärdefull utbildning eller att starta ett företag. Men det är staten, med dess förmåga att trycka pengar när ekonomin är understimulerad och att förstöra eller ta tillbaks dem när ekonomin är överstimulerad, som får ekonomin att fungera.

Stöld måste självklart beivras. Men om en är rik och en annan svälter, är inte då att hävda äganderättens okränkbarhet en stöld från och våld mot den som är nära att dö av svält? Var Robin Hood ond och sheriffen av Nottingham god?

Privat egendom ingen mänsklig rättighet

Utvecklingen av fördelningen av inkomster och förmögenheter har blivit alltmer ojämlik. Detta beror på den kontroversiella idén om privat ägande som en mänsklig rättighet. Privat ägande bör istället ses som en fråga som vi i demokratisk ordning kan besluta om och kan omfördela.

1999–2019 blev den rikaste procenten i Sverige fem gånger rikare än innan. De som lyckats ha jobb under en period som under stora delar utmärkts av jobbrist och utbrändhet har också tjänat pengar. De i medelklassen som haft råd att köpa hus eller aktier i rätt tid har kunnat åka med på de allra rikastes inkomstutveckling. Men ersättningarna för sjuka, förtidspensionerade, funktionsnedsatta, dem som går på försörjningsstöd eller inte lyckas hitta arbete har halkat efter då deras ersättningar inte stigit i samma takt som reallöneutvecklingen[11]. 2018 ökade världens 2000 dollarmiljardärers tillgångar med 23 miljarder kronor om dagen. Samma år förlorade världens 3,8 miljarder fattigaste fyra miljarder kronor om dagen[12]. Bortsett från orättvisan gynnar det inte samhället när de i utanförskap blir fattigare, för då ökar den psykiska ohälsan och den sociala oron. Vinsterna minskar då färre har råd att konsumera och de som får jobb pressas av dåliga ersättningssystem att acceptera lägre löner. När låg- och medelinkomsttagares köpkraft minskat, har man hållit igång konsumtionen med lån. Men när lånen ska betalas tillbaka och några blir arbetslösa, så blir finanskrascherna desto större.

Att denna utveckling kan fortsätta beror enligt mig på att så många tror att all egendom förvärvats på ett ärligt sätt genom gåva eller köp med pengar från ett väl utfört arbete. Detta hör ihop med den nyliberala idén om att skatt är stöld. Denna idé utgick MUF från 2008 då de polisanmälde Socialdemokraternas ekonomisk-politiske talesperson Thomas Östros för förberedelse till stöld. Detta för att Östros ville höja skatten med 70 miljarder kronor. MUF:s pressekreterare hävdade att polisanmälningen gjorts med glimten i ögat. Men med tanke på alla de skattesänkningar och privatiseringar som Alliansen gjort måste denna polisanmälan kallas för nyliberal. Nyliberalerna tror på Nattväktarstaten. Detta är en stat som privatiserat samhället otroligt mycket, bortsett från rättsväsende och militär, för att hålla ned skatten så mycket som möjligt. «Hur staten ska finansieras är en fråga som debatteras bland nyliberaler, eftersom nyliberalismens grundinställning är att skatt är stöld.».[13]

Det finns problem med en sådan okritisk tro på en legitim äganderätt. Under mina juridikstudier fick jag lära mig att laga ägande uppstår på två sätt. Det första sättet som nämndes ovan har ett antal former, till exempel köp, gåva, lön eller arv från tidigare legitim ägare. Dessa kallas för laga fång. Det andra sättet är ockupation. Det är när vi tillägnar oss något som saknar tidigare ägare, till exempel när vi plockar svamp i skogen. Men det första sättet, som större delen av förmögenheterna uppstår på idag, kan bara härledas tillbaka till ett allmänt tillstånd av rättslös ockupation. Annars måste man tro att en högre makt satte igång överlåtelsekedjan. Som filosofen Jean-Jacques Rousseau (1712–78) sade: « Den förste som inhägnade ett markområde, bestämde sig för att säga detta tillhör mig och fann människor tillräckligt enfaldiga för att tro honom, var den egentliga grundaren av det civiliserade samhället. Hur många brott, krig och mord, hur många olyckor och fasor hade inte den besparat människosläktet, som dragit upp pålarna, fyllt igen dikena och ropat åt sina gelikar: Akta er för att lyssna till denne bedragare; ni är förlorade om ni glömmer att jordens frukter tillhör alla och att jorden inte tillhör någon.»[14] Detta är ett exempel på ett ursprungligt tillstånd av rättslös ockupation. Det bör ha varit folkmajoritetens, det vill säga gruppens, acceptans av detta anspråk som avgjorde om ägandeanspråket skulle respekteras. Jag anser att alla ägandeanspråk, för att fortfarande vara legitima, måste bero på gruppens acceptans. Alltså bör det vara folkmajoriteten som ska avgöra om den privata äganderätten skall respekteras. Det bör folkmajoriteten bara göra om egendomsfördelningen gynnar alla i ett samhälle.

Vad leder det då till om ägande inte skulle vara en mänsklig rättighet? Att det är något vi demokratiskt enas om formerna för och kan omförhandla? Vilken samhällsform är bäst utifrån denna syn på det privata ägandets natur?

Kommunism är möjlig. Detta samhällssystem där staten äger produktionsmedlen (alla fabriker, maskiner, banker etc.) stämmer väl överens med min tes att privat egendom är en form av lån från den ursprungligen gemensamma naturen. Problemet är att kommunism, både korrekt och inkorrekt, förknippas med ineffektivitet och frånvaro av väsentliga mänskliga rättigheter.

Nyliberalism är möjlig. Det nyliberala samhället präglas av en oreglerad konkurrens. Var och en kan såväl vinna som förlora allt. Därmed ska maximalt antal behov hos så många individer som möjligt bli tillfredsställda. Problemet är att det nyliberala systemet verkar vara uppbyggt så, att efter en ursprunglig relativ jämlikhet samlar en liten del av befolkningen på sig en allt större del av kakan. Det är svårt att hävda att ett nyliberalt samhälle ger särskilt mycket tillbaka – utom till eliten.

Reforminriktad socialdemokrati är möjlig t.ex. i de svenska rödgröna partiernas tappning innan nedmonteringen av välfärden som började på 1970–1980-talen. Denna variant är enligt mig det samhällssystem som fungerar mest rättvist och effektivt. Det är ett samhällssystem mittemellan nyliberalism och kommunism. I likhet med kommunismen erbjuder det ett skyddsnät åt alla men samtidigt en ökad del av kakan åt den som vill jobba hårdare eller ta risker som företagare. Dessutom är troligen den skandinaviska socialdemokratin det samhällssystem av de tre diskuterade som har kränkt de mänskliga rättigheterna minst av alla eller lett till lägst antal krig.

Vilken modell man än väljer, vill jag påstå att det nyliberala argumentet att «skatt är stöld» faller. Om nu folket alltså demokratiskt definierar ägandet, så bör det ingå i överlåtelsen av den gemensamma egendomen till individen något i utbyte till samhället. Det tas i dag ut som skatt.

Vissa hävdar att politiken måste rätta sig efter den ekonomiska makten. Tvärtom bör ekonomin vara till för att tjäna folket, politiken och samhället. Folket kan börja med att genom statsapparaten kraftigt beskatta en del av överskottet hos de rikaste och förvalta detta i till exempel statliga fonder. Ett för stort överskott hos ett fåtal är knappast till nytta för gruppen. Vi kan omfördela radikalt.

Att skatt är stöld är grundhypotesen i det nyliberala Allians-projektet som hela tiden ville tvinga på oss sänkta skatter och försämrade socialförsäkringar. Detta leder i förlängningen till att i såväl offentlig som privat sektor får allt färre göra allt mer till allt sämre villkor. Det argumentet bygger på en lögn om äganderättens uppkomst och legitimitet.

Lånedrivna privathushåll skapar ständiga samhällshot

Det internationella banksystemet är extremt vinstmaximerande, extremt risktagande, extremt kaotiskt. Det är för stort att kunna räddas, för stort att tillåtas kollapsa samt för stort för att styras upp. Närsomhelst kan en större händelse rasera hela det finansiella flödet som får all produktion, försäljning, köp och leverans av varor och tjänster över hela världen att rasa samman. Folk avskedas lika fort i finanssektorn som de anställs på nytt. Detta leder till att många anställda tar för stora risker. När vissa risker faller dåligt ut, täcker bankmannen förlusten med nya som i ett hasardspel i hopp om att vinna tillbaka förlusten. Med dagens effektiviserade robothandel kan detta leda till att en skrupelfri bankanställd (vilket banksystemets fokus på risk och vinstmaximering tvingar ett flertal att bli) kan skapa förluster på miljardtals dollar och få stora, internationella banker att falla ihop. Detta händer med jämna mellanrum.[15]

Ekonomin utsätts för ständigt ökande finanskrascher p.g.a. att konsumtionen särskilt i Europa och USA sker på en lånedriven marknad sedan 1980-talet. Från 1930-talet till oljekrisen på 1970-talet hade väldigt många länder en keynesiansk, samhällsekonomisk politik. Keynesianismen, som fått sitt namn efter den brittiske ekonomen John Maynard Keynes (1883–1946), utmärktes av att den lärde att staten i lågkonjunktur skulle få fart på ekonomin genom att låna till offentliga investeringar i samhället. Dessa investeringar stärkte köpkraften i lågkonjunktur. I högkonjunktur kunde staten höja räntorna för att inte ekonomin skulle överhettas. Denna konjunkturutjämnande ekonomiska politik gav stora delar av världen en långvarigt positiv, ekonomisk utveckling efter Andra världskriget. Offentlig sektor byggdes ut tillsammans med offentliga välfärdssystem. Dessa stärkte arbetarnas löner och villkor. Egendomsskillnaderna mellan rika och fattiga minskade under denna period samtidigt som industrin och samhällsekonomin blomstrade.

I och med att dollarn blev en pappersvaluta på 1970-talet uppstod ett för de flesta ekonomer nytt samhällsfenomen, nämligen stagflation. Stagflation är när både inflation och arbetslöshet är höga samtidigt. Världsmarknaden löste problemen med stagflationen efter att världens valutor blev pappersvalutor på slutet av 1970-talet på ett annorlunda sätt. Väst ökade företagens vinstandel av tillväxten och minskade löntagarnas andel av vinsten i produktionen.

När arbetarna fick lägre andel av företagens vinster, fick de börja låna för att konsumera. Väst upprätthåller sedan 1980-talet därför konsumtionen genom att göra lån lättare tillgängliga. På 80-talet var checkkredit stort. Nu gäller kontokortsskulder, SMS-lån och lån på bostäder stora nog att skuldsätta en normal löntagare för flera livstider. Särskilt i lågkonjunkturer eller kriser får många löntagare svårt att betala av lånen och då faller systemet samman med allt kraftigare finanskrascher och börskollapser. Både krisen 2007 och Corona-krisen 2020 jämförs i dignitet med den stora krisen på Wall Street 1929.[16]

Åren före krisen 2008 hade USA:s banker infört en extra riskabel men extremt vinstskapande typ av obligation kallad bl.a. CDO (Collateral Debt Obligation, Samlade skuldförbindelser). Försäljarna av dessa lån manipulerade fattiga familjer i USA till extremt billiga huslån. Argumentet var att huspriserna bara stiger och varför ska inte du tjäna dig en hacka. Problemet var bara att låntagarna inte läste det finstilta. Efter ett par år var villkoret på lånen att räntan skulle öka jättemycket. De fattiga låntagarna fick lånen utan säkerhet eftersom de inte hade någon att erbjuda. CDO:erna lyckades ändå få högsta möjliga kreditbetyg, AAA, av finansiella tillsynsinstitut genom att dåliga lån förpackades med säkra lån. På så sätt lyckades bankerna övertyga finansinspektörerna om att CDO:er var ett pålitligt kreditmedel. Men till slut fanns det mest bara dåliga lån i CDO:erna och allt fler av dessa blev värdelösa.[17]

Oljan blev dessutom dyrare i USA strax före finanskraschen 2007.[18] Detta gjorde att många bilberoende, fattiga amerikanare fick svårt att ta sig till sina jobb. Då förlorade många sina inkomster. Detta och en av dåliga lån dold lågkonjunktur var sannolikt den utlösande faktorn till skuldkrisen 2007. Lånedrivna ekonomier faller lätt som korthus så fort de många låginkomsttagarnas skuldavbetalningsförmåga hotas och sviktar. I takt med att den skuldrivna konsumtionen, långvarig arbetslöshet och en stor samhällsklass, prekariatet, med tillfälliga, osäkra, stressiga, underbetalda anställningar breder ut sig blir det ekonomiska systemet än känsligare för kriser som nu Corona år 2020. Detta samtidigt som kraven för att komma med i a-kassan ökat under Alliansregeringen, även om den socialdemokratiska regeringen gör vissa lättnader våren 2020. Det som någorlunda räddade Sverige mycket under 2007 var att Alliansen ännu inte hunnit urholka socialförsäkringssystemen helt. När arbetstillfällen försvinner i lågkonjunkturer är det socialförsäkringssystem, pensioner och en stark offentlig sektor, där det är svårt att avskeda folk, som hindrar köpkraften i landet från att totalt fallera. Men som sagt nu under Corona är gig-ekonomin väldigt utbredd med än osäkrare anställningar. Det ger desto fler utmaningar för samhället.

Banksystemet har stora problem. Nationella centralbanker som Riksbanken i Sverige, Bank of England i Storbritannien och Federal Reserve i USA trycker pengar på uppdrag av sina regeringar. Federal Reserve i USA är ett specialfall som är privatägt. Sedan lånar centralbanken ut dessa papperspengar eller digitala sifferpengar (för de flesta trycks aldrig som sedlar eller mynt) ut till de banker vi medborgare och företagen i vårt samhälle möter när vi går till vår bank.[19]

Centralbankerna sätter en ränta, styrräntan, för de lån de privata bankerna får betala för sina pengar. Ju högre styrräntan är desto mer tenderar löne- och prisökningen att minska, men en låg ränta gör det lättare att skapa arbete till priset av att löne- och prisökningen då stiger enligt vissa experter. Det är en konflikt som stereotypiskt kan sägas försiggå mellan högern som förespråkar hög ränta för låg inflation och vänstern som förespråkar låg ränta för fler arbetstillfällen. Detta är dock en grov förenkling. Sveriges partier har sedan länge valt att förespråka en låg inflation för att Sverige ska klara sig i den internationella handelskonkurrensen. Mängden svenska kronor vår riksbank ger ut eller köper tillbaka påverkar också kronans växelkurs eller köpkraft. Ju större mängd pengar i omlopp, desto lägre värde för kronan. Värderas kronan lågt, kan svensk industri exportera mer. Men är kronan stark, ökar svenska konsumenters köpkraft fast det blir svårare att exportera. Detta och lite annat kallas för penningpolitik och utgör hälften av den ekonomiska politiken i ett land. Den andra delen är budgeten det vill säga kontrollen över statens och kommunernas skatteintäkter och hur dessa ska spenderas. Budgeten är numera begränsad av att vi ska ha ett överskottsmål. Det vill säga en viss mängd pengar måste ligga overksamma efter vart budgetår. Det är också sed att bara ha en korttidsbudget för löpande utgifter för i huvudsak ett år. Tidigare hade vi en långtidsbudget/investeringsbudget för saker som var extremt dyra men kunde betala sig över tid som t.ex. bygget av järnvägar. I takt med att svensk politik blivit mer nyliberal och höger, har vi gjort Riksbanken oberoende. Våra folkvalda anses inte ha långsiktighet nog att kunna styra över räntan eller penningmängden samt det andra av penningpolitiken som Riksbanken också sysslar med. Och vad gäller budgeten så har den försetts med ovannämnda restriktioner. Detta är en tendens att politiken lämnar ifrån sig allt mer makt över samhället till särskilt ekonomiska experter som tenderar att vara höger.[20]

De privata bankerna har sedan kreditavregleringen på 1980-talet i Sverige rätt att låna ut betydligt mer pengar än Riksbanken gett dessa banker i lån. Likadant är det i de flesta moderna ekonomier. Så när en privatperson lånar av en bank så skapar banken till ca 99 % pengar genom att låntagaren undertecknar ett lån. Det är alltså då egentligen låntagaren som skapar pengar som hen skänker till banken mot att banken lånar ut sagda pengar till låntagaren med krav på ränta dessutom. Så vi har en världsekonomi som får pengar som smörjmedel av att privatpersoner, företag och länder skuldsätter sig till banker och riksbanker.[21]

Att bankerna får skapa pengar ur luft och dessutom sätta högre ränta för lån till kunder än de själva får betala för dessa pengar till centralbanken, leder till att bankerna presterar rejält bättre än den vanliga ekonomin. Eftersom det banken äger är fordringar på kunder och dessa utvecklas snabbare än löneöknings- och produktionstakten, leder detta till betalningsoförmåga och därmed finans- och börskrascher med jämna mellanrum.[22]

De flesta länders ekonomier drivs idag på ett sätt som beskrivs ovan i detta kapitel. När ett land till slut hamnar i finanskris därav, så står de internationella kapitalinstituten redo att låna ut pengar för att stimulera de drabbade ländernas ekonomier. Men precis som hände när Grekland under krisen 2011 fick hjälp av bl.a. Europeiska Centralbanken och Internationella Valutafonden, kräver hjälparna reformer som drar landet åt höger. Sådana var i Grekland-fallet sänkta löner, massiva nedskärningar i offentlig sektor och privatiseringar av allmän egendom. Särskilt om länderna inte kan betala tillbaka sina lån från före kraschen och inte heller dem från räddningslångivarna, så får de krisande länderna betala genom att sälja offentlig egendom till utländska och inhemska kapitalister.[23] Samma chockterapi i högerriktning med närmast konkursutförsäljningar av samhällen påtvingade institut av IMF:s typ det ekonomiskt krisande Latinamerika på 80-talet och tigerekonomierna i Asien på 90-talet.[24] De flesta finanskrascher och lågkonjunkturer beror på ett fall i folkets köpkraft. Då hjälper inte sådana här reformer som ytterligare sänker det offentligas och låg- och medelinkomsttagarnas köpkraft.

Ett annat problem är att i de flesta länder sedan slutet av 90-talet är affärsbanker och investeringsbanker ägda av samma bank. Affärsbanker och investeringsbanker i samma bolag är inte bra. Det bäddar för en jävsituation och aktiebubblor. Affärsbankernas roll tidigare var att börsintroducera bolag och maxa försäljningspriset av bolaget som skulle börsintroduceras. Investeringsbanker skulle hjälpa sina kunder att källkritiskt granska om en aktie som skulle introduceras var utlagd till ett för högt pris. Båda typerna av banker tillhör ofta samma företag nu, en banktyp som ofta kallas för en universalbank. Detta skapar logiskt sett en jävsituation som har lett och leder till uppblåsta värderingar. När för många bolag har sålts till uppblåsta värderingar, som i dot.com kraschen med alla internetbolag runt år 2000, så leder detta till hög risk för börskrascher som utplånar mångas kapital och kan leda till massarbetslöshet.[25]

Slutsats

Samhällsekonomin bör drivas av statliga lån genom att staten trycker nya pengar för att genomföra infrastrukturprojekt. När Sverige som stat lånade till sina investeringar i svenskt järnvägsbygge på sent 1800-tal, var detta en viktig grund för att Sverige på 1900-talet skulle kunna utvecklas till en av världens ledande industrinationer.[26] Samhällets ekonomiska

41

utveckling är ytterst riskabel om den förs genom en lånedriven privatkonsumtion.

Banker bör inte vara vinstmaximerande genom att vara risktagande/riskmaximerande. Banker borde vara som en inbyggd läkare i samhällskroppen. Denne läkare borde styra om det monetära blodflödet från stundtals ansamlas på hög på ett ställe. Att ta risken att en tå i samhällskroppen behöver hur mycket blod som helst för att bli en megatå löser inget. Alla samhällets kroppsdelar behövs lika mycket. Banker bör vara en tråkig verksamhet präglad av långsamhet och ansvar där normalavlönade tjänstemän fördelar de gemensamma samhällsresurserna till nya verksamheter vilka bedöms som bärkraftiga och nyttiga. Därför måste affärs- och investeringsbanker skiljas åt igen.

Frågan är om banker bör få vara privata då samhället lider så om de går i konkurs och de därför inte kan ställas till ansvar på grund av risken för konkurs om bankverksamheten sköts dåligt?

TTIP och andra frihandelsavtal för bakåtsträvande

De traditionella frihandelsavtalen utvecklar ekonomin, gynnar en fri och jämlik handel samt konkurrens utan protektionistiska tullar. Men det avtal som USA under 2010-talet förhandlade fram med EU, TTIP, var av en ny typ. TTIP är ett avtal som sätter företagen över demokratin.[27]

Bland det mest uppseendeväckande är att avtalet mestadels förhandlades fram under sekretess. Sekretessen gäller inte bara gentemot EU:s och USA:s medborgare. Inte ens parlamentsledamöterna i dessa demokratier, som skulle besluta om avtalen, hade fått full, om ens någon, insyn i vad avtalet gick ut på.

De mycket dunkla avtalstexterna läckte dock ut på nätet med jämna mellanrum.

TTIP:s grundtanke var att skapa gemensamma standarder för varu- och tjänsteproduktion och möjlighet för företag att stämma stater i privata domstolar vid hot om minskade vinstutsikter för utländska investerare.

Gemensamma standarder är problematiska i sig då USA och EU har så olika syn på till exempel genmanipulerad mat och antibiotika i djuruppfödning. Vi har också olika syn på miljön, konsumentfrågor och arbetsrätt.

I EU röstade Europaparlamentet under senvåren 2015 för att skjuta upp beslut om TTIP på obestämd framtid. I USA gav inte Demokraterna president Obama rätten att snabbbehandla TPP (ett annat liknande avtal), vilket ansågs vara viktigt för att få igenom det avtalet.

Under hösten 2015 hade TTIP-motståndarna stora framgångar igen men hoten var långtifrån över. Den brittiske historikern Eric Hobsbawm påminde i sina historieböcker om att Sovjetunionen visserligen var ett fruktansvärt land, men landet pressade USA och Europa till att göra om sina samhällen till välfärdsdemokratier. Hobsbawm förutspådde korrekt på 1990-talet att Sovjetunionens fall skulle leda till försök att avskaffa välfärdsdemokratierna när det inte längre fanns något politiskt välfärdsalternativ.[28]

Så blev Italien åren 2011–2013, efter den globala finanskrisen 2008, styrt av icke-demokratiskt valda tjänstemän för att säkra EU:s finanselit om att dessa skulle få valuta för sina pengar.[29]

Det har varit flera avtal liknande TTIP de senaste åren som vill attackera klimatet, demokratin eller välfärden. 2012 föll handelsavtalsutkastet ACTA i EU. Det hade tagits fram under sekretess och kritiserades av folket för att inskränka yttrandefriheten och rätten till fri kommunikation. ACTA gav tullväsenden vidsträckta befogenheter att leta efter upphovsintrång om upphovsman efterfrågade det. Samtidigt kriminaliserade ACTA billiga läkemedelskopior. De sista är essentiella för att särskilt u-länder ska ha råda med alla läkemedel.

De som vill sälja bekämpningsmedel som dödar bin kämpar till exempel med näbbar och klor för att få göra detta. Bina är dock grunden för det mesta av livets fortbestånd på jorden. Om detta skrev Kate Parminter, liberaldemokratisk ledamot av brittiska överhuset i en kritisk artikel mot den brittiska regeringen i The Guardian 23 juli 2015.

Flera attacker på det fria och jämlika internet har gjorts. Endast tack vare massivt folkligt motstånd har dessa lagförslag fallit. Om detta skrev The Independent 11 december 2014.

Investerarskyddet i TTIP skulle låsa fast oss vid status quo vad gäller demokrati, miljörätt, konsumenträtt, arbetsskydd och andra välfärdsfrågor. Varje förbättring ett land gör i strid med TTIP kan hävdas minska utländska investerares ökade möjligheter till vinst. Varje försämring riskerar att inte kunna återställas av samma anledning.

Inte ens den politiska makten i EU tror att dess politik kommer att skapa mer välfärd för massorna. I EU skapar man militära styrkor och resurser för att slå ned de civila protester man tror kommer komma mot den alarmerande tilltagande fattigdomen i Europa. Om detta skrev Jon Weman på Aftonbladets kultursida 2 september 2014.

Dagens Arenas redaktionsblogg hävdar i inlägget «Åtstramningarna har förstört Europas välfärd» (2014-06-03) att de senaste årens åtstramningspolitik i EU lett till att det år 2014 fanns 800 000 barn i fattigdom i Europa. De baserar inlägget på en FN-rapport. Det är raseringen av Europas sociala modell efter andra världskriget som skapat fattigdomen. Åtstramningarna har lett och leder till högre arbetslöshet, lägre löner, ökad fattigdom och social utslagning.

Frihandelsavtal av TTIP:s slag verkar vara den slutgiltiga garanten för att åtstramningspolitiken ska bli bestående. Sannolikt kommer väl de negativa effekterna av åtstramningspolitiken att öka därmed.

CETA är ett farligt handelsavtal med Canada som EU-kommissionens ordförande ville skynda igenom nu efter Brexit-omröstningen – utan att låta riksdagen komma till tals. EU-parlamentet godkände avtalet 2017 och det har börjat tillämpas provisoriskt. CETA är till namnet ett frihandelsavtal likt TTIP och TPP men mellan EU och Canada. I själva verket är det precis som TTIP och TPP en rejäl och ultimativ attack mot dagens välfärdsdemokratier.

Följande ingår:

– ISDS-domstolar där privata företag, läs storföretag, kan stämma stater om staternas beslut hotar utländska investerande företags ökade möjligheter till vinst

– om något privatiserats, kan det aldrig förstatligas igen

– allt som inte är undantaget i en lista i avtalet kommer på sikt att privatiseras

– företagen skall få granska lagförslag innan de folkvalda får fatta beslut om dem

– miljölagar kan ses som handelshinder

– teknik som kan användas för att kringgå copyright ska förbjudas. Detta kan försvåra utvecklandet av billigare teknik och mediciner som världens fattiga annars skulle ha råd med

Genom att CETA skyddar utländska investerare som de amerikanska i Canada kan det bli ett sätt att smyga in TTIP bakvägen. En trojansk häst för att få in en annan trojansk häst.

Flera avtal t.ex. JEFTA med Japan liknar TTIP och förhandlas det ena efter det andra fram av EU. TTIP och TPP föll när Trump blev president över USA. Men attackerna på EU:s välfärdsdemokratier fortsätter konstant.[30]

45

Euron designad för att krossa Europas staters självständighet

The Guardian har skrivit om idémakaren bakom euron, Robert Mundell.[31] Han tyckte att det var för svårt att avskeda europiska arbetare. Detta var den stora anledningen bakom att han lade upp idén om euron.

EU som skulle vara ett flaggskepp blev ett piratskepp. Mundell insåg att en gemensam valuta skulle leda till katastrof för euroländerna vid de lågkonjunkturer som kommer i alla länder då och då. Då länderna utan euron kunnat föra en individuell penningpolitik och hade en egen valuta, så kunde de i lågkonjunktur föra keynesiansk efterfrågestimulerande politik och devalvera valutan för att ta sig ur recessionen, det vill säga en samhällsekonomisk svacka. Detta blev inte längre möjligt med euron som gemensam valuta och med den en gemensam penningpolitik.

Nu skulle enda möjligheten vara att sänka löner och försämra/avreglera villkoren för arbetskraften, att slopa miljöhänsyn och att privatisera/sälja ut offentliga tillgångar en masse.

Vem är då Rubert Mundell? Han är en professor i nationalekonomi vid Columbia University och kinesiska University of Hong Kong.

Han fick Sveriges Riksbanks pris i ekonomisk vetenskap till Alfred Nobels minne 1999 för sitt arbete om den monetära dynamiken och om det optimala valutaområdet. Riksbankens pris har sedan 1968 fungerat som kanal för nyliberal ekonomi i den akademiska världen. Mundell lade så grunden för införandet av euron med detta arbete och bidrog till att starta rörelsen känd som utbudssidans ekonomi.

Utbudssidans ekonomi är en makroekonomisk skola som hävdar att ekonomisk tillväxt sker på effektivaste sätt genom att sänka hindren för företagens produktion och försäljning av varor och tjänster enligt metoden att sänka inkomstskatten och skatten på kapitalisternas vinster.

Min åsikt är att EU behövs, men unionen får inte leda till förlust av medlemsländernas självständighet. EU kan vara bra för gemensamma klimat-, forsknings- och andra freds- och handelsunderlättande samarbetsstrategier. Men detta får inte, som det nu oftast gör, institutionellt leda till sämre villkor för europeiska låg- och medelinkomsttagare. EU måste reformeras. Men vi måste vara med i EU för att förändra det. Vi måste införa garantier i EU-rätten för att EU jämt ska stå på låg- och medelinkomsttagarnas, välfärdens och demokratins sida samt alltid på klimatets sida.

Vad innebär återhämtningsfonden på 750 miljarder € som EU:s medlemsregeringar beslutade om i juli 2020? Den innebär att EU-kommissionen på Tysklands och Frankrikes gemensamma initiativ kommer att låna pengar som till en hög del i form av bidrag kommer gå till att pumpa igång det ekonomiska kretsloppet igen efter Corona-krisen samma år. Pengarna lånas gemensamt av EU-kommissionen för att ge bättre villkor för de ekonomiskt svagare länderna i EU. Kritikerna menar att det är en utveckling mot en ny överstatlighet. Försvarare menar att det är ett nytt, mer juste sätt att istället för genom lån till större del genom bidrag få igång hela EU och särskilt de svagare ekonomierna i unionen. Sverige har med en del andra EU-länder i förhandlingarna drivit på för och fått med lite luddiga löften i fondens direktiv att vissa krav på att de länder som vill få del av fonden måste respektera rättsstatens principer och EU:s demokratiregler. Frågan är om hur stor betydelse demokrativillkoren kommer att få.

Låglönejobb inte bra bas för rikt välfärdssamhälle

Högerekonomiinstitutionen Standard & Poors säger i en rapport[32] att den allt större klyftan mellan vad den översta procenten tjänar och vad gemene man tjänar hotar den ekonomiska tillväxten och därmed de rikas möjlighet att förbli rika eller bli rikare.

Ekonomisk tillväxt upprätthålls av en bibehållen eller ökande konsumtionstakt. När klyftorna blir för stora uppstår två för ekonomin skadliga effekter:

– de rikaste behöver inte mer och sparar allt de tjänar
– det stora låginkomsttagarflertalet får inte ekonomin att gå ihop och sparar in på det lilla de tidigare konsumerat

Resultat: En sjunkande ekonomisk tillväxttakt, återkommande lågkonjunkturer och minskande intäkter för de få rika i toppen.

Men reportern Jon Åsberg tycker i Affärsvärlden att den rödgröna regeringen borde behålla det tidigare borgerliga styrets sänkta krogmoms. Han menar att man visst kan bygga en ekonomi på låglönejobb som dem i snabbmatsrestauranger utan hög verkshöjd, det vill säga den investerade kunskaps- och ansträngningsnivån hos personalen.[33]

Jag håller inte med Åsberg. Basen i ekonomin skapar det mervärde som resten av samhället ska leva på. När basen var industrijobb, så var verkshöjden, på dessa jobb relativt hög, varför de kunde få en bra lön. Detta hade positiva ekonomiska konsekvenser för hela resten av samhället.

Vi behöver istället för att behålla en synnerligen dyr och ineffektiv krogmomssänkning satsa på möjlighet till vidareutbildning genom hela livet vid arbetslöshet. På så sätt kan arbetskraften ställa om sig till marknadens ständigt skiftande behov.

Tyvärr gör idag allt färre anställda allt fler kollegors jobb genom den sedan länge tilltagande robotiseringen och automatiseringen. Därför behöver vi överväga att höja momsen, realisationsskatterna och bolagsskatterna och att täppa till allehanda skattekryphål. Särskilt realisationsskatten d.v.s. skatten på utdelningar till aktieägare i Sverige är det svårt för kapitalister att smita ifrån. På så sätt kan näringslivet fortsätta att bidra till välfärden även när arbetsstyrkan hela tiden bantas.

Med dessa pengar kan man anställa fler i offentlig sektor. Även fler jobb i offentlig sektor ger mycket tillbaka ekonomiskt till samhället. En för liten offentlig sektor minskar kraften i ekonomin.

Alliansen gick till val 2006 på att göra det lönsammare att arbeta genom att sänka skatten för anställda och genom att sänka socialförsäkringar och bidrag. Interna partidokument från Moderaternas tid i regeringsmakten har redan tidigare visat att avsikten med detta var att sänka lägstalönerna genom att folk skulle bli så rädda för att de inte skulle få ett jobb de sökt att de begärde en lägre lön än de egentligen velat ha eller varit värda.[34] Nu visar fakta att Alliansen attackerade löntagarna hårdare än så. Samtidigt som de sänkte de anställdas synliga skatt, så höjde de kraftigt löneavgiften som är en dold skatt bland de sociala avgifterna. Den kraftiga höjningen av denna möjliggjorde än större skattesänkningar för högavlönade, sänkningar av bolagsskatten och ränteavdrag för villaägare etc.

Dessutom kom Alliansregeringen undan ett moraliskt ramaskri över att de sänkte sjukpenningen som officiellt fortfarande ligger på 80 % av lönen. De gjorde detta genom att ändra i beräkningsreglerna för den sjukpenninggrundande inkomstens nivå (SGI). Beräkningsändringarna sänkte sjukpenningnivån med 15 %.[35]

Nu föreslår sommaren 2020 den rödgröna regeringens utredning med stöd av C och L att utvidga rätten till a-kassa till fler arbetslösa utan att anslagen till a-kassan höjs. Detta har gjort att många fruktar att den monetära ersättningen och andra villkor i a-kassan kommer att luckras upp. Arbetet skriver: « Enligt utredningens förslag ska man kvalificera sig till a-kassa om man under 12 månader haft en inkomst på 120 000 kronor och under minst fyra sammanhängande månader tjänat 10 000 kronor. Det motsvarar ungefär en halvtidstjänst, enligt utredaren. Ersättningens storlek ska baseras på tre kriterier: inkomst från förvärvsarbete, hur länge man varit medlem i en a-kassa och hur länge man har varit arbetslös.»[36] Även tidigare har tidigare halvtidsarbete varit grundkrav för rätten till a-kassa.

Att i stor utsträckning låta ekonomyrket avgöra rätt nivå på löner och arbetslöshet i ett land leder inte till att samhällsekonomin växer utan till en avdemokratisering av samhället. Detta enligt nationalekonomen Sven Grassman som avslöjade stora felaktigheter i Sveriges finansräkenskaper redan på 1970-talet.[37]

Offentlig sektor, arbetslivet och välfärden

Trygghet och tolerans hänger ihop

I Europa växer rasismen och främlingsfientligheten. Bl.a. TV har fått svenskarna att fokusera på hur många flyktingar vi har råd med. Men om vi inte tar emot människor som flyr från förtryck, krig och terror, vad är vi då för människor?

Det finns absolut många fördelar med flyktingarna. De kräver inte 18 års omsorg under början av sina liv. De gör att vi kan hålla igång tillväxten. «Helsvenskarna» reproducerar sig ju inte tillräckligt för att befolkningen ska öka utan stöd av invandring. Vi får nya perspektiv på tillvaron av invandring genom att möta kulturer och seder från hela världen.

Jag tror att fördelarna är fler än eventuella problem. Och om man ska tala om invandringens generella problem, bör man väl även tala om svenskhetens generella problem. När en svensk gör något fel, skyller vi ju inte detta på svenskheten. Jag tror att samhällen inte kan stå still utan ständigt måste utvecklas.

Invandringen har berikat Sverige ända sedan istidens slut. Tyskarna och vallonerna fick på sin tid i gång ekonomin och industrialiseringen. Utan exempelvis italienare, jugoslaver och finnar att fylla våra fabriker med fram till 1980, hade den svenska efterkrigsboomen i tillväxten knappast varit möjlig.

Så länge som invandrarna kunde få jobb från första dagen de kom hit, lärde de sig svenska snabbt. Därför behöver vi i dag på något sätt skapa enklare instegsjobb för många nyanlända men med goda och värdiga villkor och löner. Kanske kan offentlig sektor byggas ut?

De årliga skatteintäkterna sänktes under Alliansens styre 2006–2014 med minst 140 miljarder SEK[38]. Om vi byggde ut den offentliga sektorn för de pengarna, skulle kostnaderna för arbetslöshetsstöd minska och säkert också kostnaderna för ohälsan. Fler skulle ha råd att konsumera och därmed hålla uppe tillväxten.

Fler blir främlingsfientliga eller icke-feminister när konkurrensen om jobben hårdnar. Det bästa vore om Sverige byggde ut offentlig sektor eller lyckades skapa värdiga jobb på annat sätt. I varje fall måste Sverige skapa en trygg a-kassa utan utförsäkring för dem som inte får plats på arbetsmarknaden. Det vore även lämpligt med instegsjobb med en anständig lön för dem utan rätt till a-kassa, så att dessa kunde meritera sig till en värdig sådan.

Alliansen ökade också konkurrensen om arbetena genom att tillåta arbetskraftsinvandring även till sådana yrken som facken i Sverige inte bedömer vara bristyrken. Detta har skapat en hård tävlan om arbetstillfällena och på många arbetsplatser i Sverige.

Invandring medför inte heller med nödvändighet segregation. Segregationen beror i hög grad på ett felkonstruerat svenskt miljonprogram. Detta borde ha haft en större blandbebyggelse och förstavåningar reserverade för butiker och andra verksamheter. Blandbebyggelse av bostadsrätter, villor och hyresrätter gör att ett kvarter inte bara blir reserverat åt en viss samhällsgrupp.

En stor del av invandrarna har gjorts till en förfördelad klass under alla andra, trots att flera av dem är högutbildade. De är hänvisade till de tuffaste och mest lågavlönade arbetena, om de ens kommer in på arbetsmarknaden. Vi måste bättre ta till vara på invandrarnas kompetens och drivkraft. Detta kan kräva en del kompetensutveckling för flyktingar med låga eller bristfälliga utbildningsbakgrunder.

Om invandrare ska komma in i arbetslivet på en mer avancerad nivå måste de samtidigt lära sig god svenska. Infödda svenskar beter sig på olika sätt. Liksom nyanlända gör det. Det svenska samhället bygger ändå på vissa grundläggande värderingar och förhållningssätt till frågor som t.ex. frihet under ansvar, jämlikhet, jämställdhet, rätt till politisk, religiös och sexuell frihet, vårt förhållande till staten, familjen och arbetslivet (https://sv.wikipedia.org/wiki/Kultur_i_Sverige#V%C3%A4r deringar). Det är därför oerhört viktigt att alla nya svenskar får en god introduktion till hur vårt samhälle fungerar.

Sverige kan tyvärr inte självt ta emot alla världens flyktingar. Världens människor på flykt uppgick till 70,1 miljoner år 2019. Vi måste påverka EU och övriga världen att rättvist dela på ansvaret för alla flyktingar. Då kan alla länder tillsammans ta emot och mellan sig fördela dem som flyr förföljelse av olika slag. Den internationella asylrätten som Sverige anslutit sig till säger att det är en mänsklig rättighet att söka asyl för vissa fall av förföljelse i ett annat land. Men det är ingen mänsklig rättighet att bli tillerkänd en status som flykting av det land man söker asyl hos. Samtidigt får inget asylmottagande land sända tillbaka den som riskerar förföljelse på vissa grunder till hens hemland. 2015 fick hela EU ta emot ett enormt antal flyktingar. Sverige tog emot 163 000. Det tänjde landets resurser enormt. Sverige och många andra länder gjorde därefter inskränkningar i asylrätten för att få ned antalet asylsökande. Samtidigt kan antalet flyktingar år 2015 ha bidragit genom de jobb och/eller bidrag dessa fick till att Sveriges ekonomi stimulerades.[39] Hur ska Sverige agera i en värld där asylrätten ofta inskränks? Jag har ingen bra lösning. Vi får väl göra vårt yttersta för att respektera den internationella asylrätten, men hysa förståelse för om vi inte lyckas perfekt.

Ska vi kunna respektera den internationella asylrätten så mycket som möjligt, måste Sverige satsa på investeringar i landet som kan öka sysselsättningen, stärka köpkraften och därmed tillväxten. Det är svårt för ett land i åtstramning att ta emot nya människor. Det måste t.ex. finnas bra bostäder, arbeten, SFI-undervisning, möjligheter till kompetensutveckling, skola, vård, omsorg med mera åt dem som kommer hit.

Samtidigt, om vi vill minska antalet som behöver fly globalt, måste vi fortsätta den goda socialdemokratiska traditionen att ha en solidarisk utrikespolitik och en biståndsstrategi som överträffar FN:s krav. Vi bör kanske också begränsa och ställa högre etiska krav på vår vapenexport.

Offentlig sektor behövs visst

Vänstern menar att en stor offentlig sektor behövs för att få full sysselsättning. Högeranhängare har en invändning. Ska då de som arbetar i privat sektor försörja dem i offentlig sektor? Detta resonemang bygger på att offentlig sektor skulle vara onyttig för privat sektor. Invändningen berör även idén om vem samhället är till för.

Är samhället till för medborgarna och inte bara Storkapitalet, behövs offentlig sektor även för att skapa full sysselsättning och anständiga inkomster åt alla och envar. Den internationella högerns store ekonom Friedman har erkänt att det privata önskar inte full sysselsättning. Kapitalet behöver en reserv av arbetslösa så att arbetarna inte ska våga begära för bra villkor och löner. Skulle de göra detta, skulle samhället få en onödig inflation. Då skulle enligt Friedman arbetarna bli fattiga även om de fick ett arbete på grund av de stigande priserna.[40] Den kunnige nationalekonomen Sven Grassman sade till och med att hur stor och inkomstbringande vår export är beror på om offentlig sektor är tillräckligt stor. Därtill kommer att Sverige inte hade kunnat utvecklas från Europas fattigaste land runt år 1900 till ett av världens rikaste på 1980-talet om vi inte hade satsat så mycket på kunskapslyft för låg- och medelinkomsttagare.[41]

Om man som vissa borgare menar att det är att skapa «pysselsättning» åt de arbetslösa att anställa dem i offentlig sektor,

54

är det då inte ett ännu större slöseri att bara hålla dem helt arbetslösa utan att de gör någon nytta utom att söka jobb som inte finns?

Sedan är det offentliga på många sätt till nytta för det privata. Vinsterna och sysselsättningen skulle utan en i rätt takt utbyggd offentlig sektor sjunka. Över tid kan arbetare i varuproduktionen med hjälp av maskiner producera allt fler varor per timme. Det gör att varor ständigt blir billigare och därmed har mindre betydelse för hur mycket ett samhälle producerar och har att fördela bland invånarna. En lärare kan med hjälp av maskiner inte hantera nämnvärt fler elever snabbare eller bättre än hen kunde i början av 1900-talet. Det tar en naturlig tid för en lärare eller elev att uttala eller förstå en mening. Det tar en naturlig tid för patienters sår att läkas. På 1980-talet var det offentligas storlek av den årliga samhällsekonomiska produktionen, BNP, 33 %. Om inte samhällsekonomin, även den privata, skall minska då varor hela tiden blir allt billigare, måste den offentliga konsumtionen få öka för att förbli en tillräckligt stor del av samhällsekonomin för att hålla densamma igång.[42]

Därutöver vårdar vården arbetskraften så att den kan arbeta igen. Det offentliga skapar vägar för företagens lastbilar och bilar att åka på. Den skapar en välutbildad arbetsstyrka som kan ta mer avancerade jobb som med sitt ökade förädlingsvärde kan vara långt effektivare än en manuellt arbetande människa kan vara. Välutbildad arbetskraft skapar därför större produktion för kapitalet än annars. Det offentliga behövs för att skapa tillräckligt många billiga bostäder så att folk har råd och möjlighet att flytta dit jobben finns.

Många insatta anser att välfärd dessutom är bra för miljön. Offentlig konsumtion av välfärdstjänster som skola, vård, omsorg, bibliotek, kultur, kollektivtrafik och järnvägar anses inte omsätta lika mycket miljögiftsutsläpp som privat nöjesshopping. Detta beror på att offentlig konsumtion mer handlar om tjänstekonsumtion och privat konsumtion mer om varuförbrukning.[43] Offentlig sektor stod under 2010-talet för 15 % av miljöutsläppen i Sverige.[44] Samtidigt stod världens 10 % rikaste individers konsumtion för nästan hälften av koldioxidutsläppen.[45]

Utan offentlig sektor skulle allt fler bli kriminella när de själva blir sjuka eller arbetslösa. Offentlig sektor hjälper inte bara dem i utanförskap via utbetalande av ekonomiska bidrag. Särskilt hjälper det offentligas stora sociala insatser samhällsproduktionen med att den som blir arbetslös eller sjuk skall orka att behålla eller återfå sin förmåga att såväl må bra personligen som att lönearbeta.

Människor i arbetsför ålder skulle begå uppror om deras föräldrar lämnades att dö fattigdöden om det inte fanns någon äldreomsorg. Redan idag går en stor del av arbetskraften, särskilt den kvinnliga, helt eller delvis ned i arbetstid för att deras föräldrar inte får någon äldreomsorg. Detta minskar både produktiviteten, konsumtionen och därmed vinsterna och skatteintäkterna i samhället.

Sedan medför den låga lönen och den höga nivån av timanställningar samt karensdagen i äldrevården en hög risk att personalen i äldrevården arbetar sjuka och att de äldre på boendena smittas och dör av detta onödigt tidigt. Så har fallet varit under Corona-krisen 2020. Även om karensdagen då slopades, kvarstod den höga nivån av lågbetalda timanställningar.[46]

I flera år fram till år 2020 då denna boks skrivs är det tradition i många kommuner att skära ner på äldreomsorgsplatser och istället tvinga äldre att bo kvar hemma hjälpta av en underfinansierad och underbemannad hemtjänst. Visst är det bra om den som kan och vill får bo kvar hemma med hjälp av hemtjänsten. Vi bör dock vara ytterst försiktiga med att skära ner på äldreomsorgsplatser i onödan. Dessa erbjuder social kontakt och vård dygnet runt. Dessa är ytterst viktiga faktorer för äldres hälsa. Social samvaro hela livet minskar också risken för olika demenssjukdomar som bl.a. Alzheimers.[47]

Förskolor, eller annan statligt reglerad daglig gruppomsorg av barn, medan föräldrarna arbetar, är viktig av många skäl. Gruppomsorgen ger barnet förmåga att interagera med andra, förstå vem hen själv är och olika skolkunskaper. Den möjliggör att föräldrarna och särskilt mödrarna kan förvärvsarbeta. Nackdelar kan vara att vissa, särskilt mödrar, kan känna sig som dåliga föräldrar om de inte tar hand om sitt barn dygnet runt. Det är positivt enligt föräldrarna att förskolan lär barnet samhällets värderingar så länge som föräldrarna instämmer i huvudsak med samhällets värderingar.[48] På det hela lär förskolan uppfylla ett stort behov för samhället och de flesta föräldrar och barn i Sverige. Kvarvarande behov är dock att utveckla dygnet-runt-verksamhet på dagis så att alla nattarbetare också kan få hjälp av förskolan. Förskolan måste i alla fall ha sådana öppettider att alla Sveriges föräldrar med sina skiftande arbetstider får gott om tid att hinna hämta och lämna barnen till och från förskolan. Sedan behöver personaltätheten och lönerna i förskolan vara hälsobefrämjande respektive marknadsmässiga för att inte brist på kompetent personal ska uppstå.

Offentlig sektor behövs för alla i samhället också för Kapitalet.

Ett mänskligt arbetstempo och en god arbetsmiljö

Det finns ofta hälsovådliga prestationskrav på många av de anställda på arbetsplatserna i Sverige. Detta gör det svårt att uppfylla kraven på goda resultat och/eller att hänga med i tempot. På vissa arbetsplatser leder det även till risker för arbetsskador. Därtill kan arbetsmiljön vara dålig och intolerant. Chefen kan vara empatilös.

Det värsta är att krisen 2020 utnyttjas av högerkrafter också inom Socialdemokraterna. Den nyliberale professorn Milton

Friedman formulerade förändringens axiom. «[E]ndast en kris – verklig eller inbillad – kan åstadkomma verklig förändring» – [49]

Detta försöker den svenska regeringen i Corona-krisen 2020 utnyttja under press från stödpartierna Centern och Liberalerna till att attackera det sista av välfärden t.ex. arbetsrätten och hindren mot marknadshyror.

Regeringen tillsatte 2019 en utredning om att göra det lättare att avskeda anställda. Beskeden från utredningen i maj 2020 säger att arbetsplatser ska utan sakliga skäl kunna undanta runt fem personer från turordningsregeln om sist in, först ut oavsett storlek på arbetsplatsen. Idag är det två undantag som gäller företag med högst tio anställda som gäller. Eftersom svenska arbetsgivare sällan säger upp många samtidigt, ger detta arbetsgivarna en stor frihet att fritt välja vilka de skall behålla vid en nedskärning i arbetskraften. Det är då lätt att den som säger emot en problematisk ledning plockas bort. På fabriksgolvet kan unga, fortfarande starka anställda prioriteras framför äldre och utslitna som kasseras. De flesta företag har inte så många anställda. Fem undantag i turordningsreglerna är en betydande maktöverföring till arbetsgivaren. Sedan skall facket på arbetsplatser med högst 15 anställda inte kunna skydda en uppsagd anställds anställning och lön längre tills en tvist med den anställdes arbetsgivare är löst.[50] Nu förhandlar Sveriges fack och arbetsgivare om de kan komma överens om en egen uppgörelse om den framtida arbetsrätten. Ofta är det fackens och arbetsgivarnas gemensamma avtal som legat till grund för arbetsrätten i Sverige.

Ett mänskligare arbetstempo och en bättre arbetsmiljö kan troligen leda till att fler behöver anställas. Detta leder förhoppningsvis till att arbetslösheten går ner och färre blir utbrända. Detta kan i sin tur löna sig genom att kostnaderna för arbetslösheten och ohälsotalen går ner.

Så blev det på Äldreboendet Persgården i Hofors. Boendet hade en sjukfrånvaro på 20 procent och på vissa avdelningar var hälften av medarbetarna långtidssjukskrivna. När boendet anställde fler medarbetare, raderades långtidssjukskrivningarna helt ut och korttidsfrånvaron sjönk. Det blev inte ens en dyrare personalkostnad för detta.[51]

Mycket forskning på hur hjärnan arbetar effektivt, visar att vi producerar bäst avslappnat, lekfullt och i mer jämlika miljöer. Vi är inte heller gjorda för att vara högproduktiva hela dagen. Vi måste lära oss och ha förutsättningar att prioritera och göra det viktigaste först. Dessutom blir allas hjärnor betydligt ointelligentare, om vi gör mer saker än en åt gången.[52]

Kvaliteten kan ofta minska om det är lätt för ledningen att avskeda kritiska röster som ofta kan ha relevanta idéer om förändringsbehov på arbetsplatsen. Många uppfinningar har skapats under stort motstånd från ledningen. Detta erfor både min farbror och pappa på sin tid i näringslivet.

Det finns ett begrepp i näringslivet som heter suboptimering. Det innebär att kvaliteten på produktionen bara höjs till en nivå under det optimala. För blir det för optimalt tenderar behoven av jämlikhet och frihet att öka.

Särskilt de stora arbetsplatserna behöver decentraliseras. Det finns ofta mindre sega och stressande strukturer i mindre enheter. De anställda ska inte heller behöva detaljregleras så mycket av sina chefer. Kanske kan olika delar av stora arbetsplatser bli mer autonoma, mindre delar? Samtidigt kan de enskilda anställda få mer frihet under ansvar att jobba mot de gemensamma målen för arbetsplatsen på sitt sätt. Goda villkor skapar inte sällan bättre lojalitet, effektivitet och målstyrning än detaljreglering.

Om chefen för en dialog med och bryr sig om den anställde, lär denne bli mer lojal och entusiastisk till organisationens mål.

Kvalitetsgrupper kan vara effektiva mötesplatser för olika anställda och representanter för olika enheter som arbetar med olika delar av ett projekt. Sådana var min far Christer

Brandt med och införde på Volvo personvagnar på 90-talet. När representanter för olika företagsdelar fick mötas och diskutera sina olika synpunkter på behov i ett projekt förbättrades kvaliteten på den tillverkade varan/tjänsten oerhört.

Det är också en del av den negativa trenden med att dra ned på kostnaderna som leder till att allt fler privata kontorsrum ersätts av allt fler, öppnare arbetsplatser. Lokalkostnaderna sjunker i öppna kontorslandskap med 50–70 %. Å andra sidan ökar sjuklönedagarna. Det blir svårare att utföra kvalificerat tankearbete som att skriva eller läsa en rapport i öppna landskap. Personalen kan aldrig få lätta sina frustrationer, då alla alltid kan höra vad de säger. Sedan blir det ett konstant produktivitetsutmanande ljudbrus.[53]

Gör din plikt och kräv din rätt! Jobba eller sök jobb, om du är frisk. Men kräv en arbetssituation som är människovärdig!

Det är bara de upphaussade vinst- och besparingskraven som gör att vi måste jobba så hårt som ofta krävs idag. Det går att ha ett mer mänskligt arbetstempo.

Vi har råd med välfärden och pensionerna

Talet om att skatterna radikalt måste höjas i framtiden eller att egenfinansiering måste till för att klara framtidens välfärd bygger på lögner baserade på lögner i olika statliga och kommunala utredningar. De påstår att välfärdsstaten egentligen är omöjlig att finansiera, vilket inte är sant.[54]

I Svenska Kommunförbundets rapport från 2002 med titeln «Kommunala framtider – en långtidsutredning om behov och resurser till 2050» vinklar författarna sina beräkningsmodeller för att kunna säga att om kommunerna ska klara av att finansiera behoven av äldrevård och sjukvård endast via skattsedeln så måste skatten år 2050 ha höjts med 50 %. Detta förstår man ju att ingen önskar och då framstår borgerliga välfärdsmodeller som innebär privatisering, anhörig-vård och frivilliga insatser som rimligare alternativ.

Daniel Ankarloo, fil. dr. i ekonomisk historia, hävdar i fak-taboken «Välfärdsmyter» att detta sätt att räkna är missvis-ande. Det bygger på idén om behovet av en konstant fortsatt utbyggnad av välfärden så som den byggdes ut till runt 1980. Men sedan 1980-talet har inte välfärden byggts ut nämnvärt, varför det är ologiskt att tänka sig att välfärdssektorn efter 2020 skulle växa som den gjorde fram till 1980.

Men som nazisterna visste, en upprepad lögn kan bli till en sanning.

2003 kom Långtidsutredningen. Detta år valde dess författare att ägna sitt utrymme åt finansieringsfrågan av välfärden i framtiden.

Man hänvisar där bl.a. till rapporten Kommunala framti-der från 2002 och använder dess påhittade, kreativa räkne-exempel som objektiva, empiriska fakta för att kunna säga att dagens skattesats inte kommer att räcka till i framtiden. Förslag kommer om ökad «egenfinansiering» av välfärden.

Med hänvisning till bl.a. dessa två utredningar skriver Borg-kommissionen rapporten Vi har råd med framtiden. Kommissionen sammanfattar frågeställningen i en debattar-tikel i DN den 7 juni 2010: «Alla genomarbetade utredningar och forskarrapporter som behandlat frågan om välfärdens finansiering i framtiden räknar fram ett ansenligt finansie-ringsgap om ett eller ett par årtionden.»

En alternativ och mera riktig bedömning av den framtida skatteutvecklingen som finns i SKL-rapporten från 2002, där kostnadsökningen följer befolkningsutvecklingen, landar på ett behov att höja skatten med 1,2 % till 2035.

Ankarloo visar i boken Välfärdsmyter (ETC förlag, 2010) en fruktansvärt framgångsrik mytbildning i kriget mot väl-färden som nyttjar gamla beprövade metoder:

Prof. Milton Friedman formulerade förändringens axiom.

«[E]ndast en kris – verklig eller inbillad – kan åstadkomma verklig förändring» –[55]

Detta försöker den svenska regeringen i Corona-krisen 2020 utnyttja, under press från stödpartierna Centern och Liberalerna, till att attackera det sista av välfärden som finns kvar, t.ex. arbetsrätten och hindren mot marknadshyror.

Det finns faktiskt inga som helst bevis för ett framtida finansieringsproblem i den offentliga välfärden

Det är en seglivad felaktig föreställning, baserad på fantasier – och ibland rena lögner – som saknar reell grund. Det alla vet är inte alltid sant.

Finansdepartementet gjorde en uträkning i 2010 års budget som visar att nuvarande och bibehållen standard i välfärden i framtiden kan upprätthållas utan fler arbetade timmar, utan skattehöjningar, utan utgiftshöjningar i förhållande till BNP. Ändå kommer de offentliga finanserna mellan år 2010–2040 att förbättras med motsvarande 1 440 miljarder SEK.[56]

Däremot finns det en kommande personalbristfråga, men denna skulle kunna lösas genom att vi låter offentlig sektor suga upp all den arbetskraft som den privata sektorn i snabb takt nu rationaliserar bort i automatiseringen och robotiseringen av produktionen. Det är också slöseri med arbetskraft som behövs i offentlig sektor att subventionera det privata arbetslivet med reformer som RUT och ROT.[57]

Marknadshyror en mardröm för folket

Under Bildts borgerliga regering 1991–94 sänktes subventionerna för byggandet av bra hyresrätter som även låg- och medelinkomsttagare hade råd att bo i. Bostadsbristen tog fart och priserna på bostadsrätter och enfamiljshus började att öka. Alliansen 2006–2014 tog bort mycket av de få bostadssubventioner som fanns kvar. Byggandet av hyresrätter minskade än mer och vi har nu den situation som är idag med stor brist på billiga hyresrätter och privatägda bostäder som är så dyra att folk får skuldsätta sig enormt för att köpa dem. Vi riskerar en massiv bostadskrasch vid nästa lågkonjunktur. Arbetarna har också svårt att flytta dit arbetstillfällena finns. Även på andra sätt har företagen nytta av att låg- och medelinkomsttagarna har pengar över efter sin månatliga avgift för sitt boende. Om de flesta löntagares intäkter mest skulle gå till fastighetsägarna, hur skulle löntagarna då kunna upprätthålla alla andra företag i Sverige med sin köpkraft? I en blomstrande ekonomi, måste det gå hyfsat bra för alla.

När de rödgröna tillträdde regeringsmakten igen 2014, så började snart bostadsbyggandet att tilta inklusive det av hyresrätter. «I veckan släppte Statistiska centralbyrån siffrorna över förra årets bostadsbyggande. Under 2016 påbörjades 63 100 lägenheter. Det är den högsta siffran sedan 1990 och långt över de nivåer som byggdes under åtta års alliansstyre.»[58]

När Alliansen 2006–2014 sänkte de redan nedskurna bostadssubventionerna ytterligare, sjönk byggtakten av nya hyresrätter nästan till botten.

Flera borgerliga partier och fastighetsägarföreningar förespråkar ändå nu fri hyressättning, så kallade marknadshyror. Vi hade marknadshyror i Sverige fram till långt in på 1900-talet. Då skapade fastighetsägarna en underproduktion av hyresrätter för att efterfrågan skulle överstiga tillgången och hyrorna därmed kunna höjas. Dessutom var standarden på hyresrätterna för vanligt folk hälsovådlig. Trångboddhet var vanlig vilket ledde till att den dödliga sjukdomen tbc blev en folksjukdom. I dag tvingas åter många bo trångt och bland dessa sprider sig sjukdomar igen som Corona år 2020.

Miljonprogrammet på 1960–70-talen som reglerade byggandet av hyresrätter och gav bidrag och ränteavdragsmöjligheter till byggandet av bra, billiga bostäder ledde till att det ända in på 1990-talet fanns gott om hyresrätter. En viktig del i denna strategi var att kommunala, icke vinstdrivande bostadsbolag själva byggde bra och billiga hyresrätter och att deras hyror även var normerande för de privata hyresvärdarna. Dessutom sjönk priserna på fristående enfamiljshus och bostadsrätter, vilket gjorde att vi inte behövde riskera någon lånebubbla. När Sverige från och med den borgerliga regeringen på 1990-talet började att minska bostadssubventionerna, ökade också bostadsbristen.

I dag går olika bidrag och ränteavdrag till byggandet av privatägda enfamiljsbostäder. Det finns även dyra RUT- och ROT-avdrag. Vi skulle kunna skära ned på dessa och istället sänka fastighetsskatten på flerfamiljshus med hyresrätter. Det skulle kunna få igång byggandet av hyresrätter utan att höja skatten så mycket. Ett nytt miljonprogram skulle vara ytterst konjunkturstimulerande och få igång Sveriges ekonomi och skatteintäkter ytterligare genom ökad privatkonsumtion och sysselsättning. Samtidigt skulle fler hyresrätter leda till att privatbostädernas prisutveckling lugnade sig så att inte hela Sverige behöver krascha om bostadslånebubblan skulle spricka.

Om byggandet av billiga hyresrätter skulle leda till ett kraftigt prisfall på privatbostäder, får vi lösa detta, till exempel genom att staten tar över ägandet och lånen till sådana bostäder och sedan hyr ut dem till hyresgäster. Att bara skjuta bostadsbubblan på framtiden gör den än farligare för samhället.

Med låga bostadskostnader har de boende inte bara råd till hyra eller amortering, utan även till att stödja bilindustrin, klädindustrin, nöjesindustrin etc. med sin konsumtion. En låg bostadskostnad generellt gör att folk kan flytta dit jobb, släktingar, studier eller kärleken finns.

Jonas Attenius, Socialdemokraternas gruppledare i kommunstyrelsen i Göteborgs stad, öppnade i mars 2020 för att bygga estetiskt och på andra sätt mer klassicistiskt i linje med många svenskars smak. Dessa är trötta på bilfientlig och modernist-kubistisk stadsarkitektur. «Detta är Socialdemokraternas röda linjer: Klassisk arkitektur, plats för både bil och spårvagn, respekt för historien och hyresrätter...»[59]

Det värsta är att krisen 2020 utnyttjas av högerkrafter också inom Socialdemokraterna. Den nyliberale professorn Milton Friedman formulerade förändringens axiom. «[E]ndast en kris – verklig eller inbillad – kan åstadkomma verklig förändring» –[60]

Sommaren 2020 tillsatte regeringen dessutom en hyreskommission. Den ska utreda om hyresrätters läge och kvalitet även i det nuvarande beståndet tillräckligt påverkar hyrorna. Detta är ett kraftfullt steg mot höjda hyror för många.

Den svenska regeringen försöker alltså under press från stödpartierna Centern och Liberalerna att utnyttja Corona-krisen 2020 till att attackera det sista av välfärden som finns kvar, t.ex. hindren mot marknadshyror.

Privat sjukvård riskerar att utförsäkra fattiga

Vinstdrivande, privat finansierad sjukvård är oftast sämre för patienten.

En person i min bekantskapskrets var väldigt högavlönad och hade den allra bästa sjukförsäkringen i USA. Han fick på 1980-talet AIDS. Trots sin mycket goda sjukförsäkring blev han till slut ändå utförsäkrad.

Av de 29 sjukhusen med högst kvalitet och lägst dödlighet i USA var enligt tidskriften US News & World Report 28 icke-vinstdrivande, ett delstatligt och inget vinstdrivande. Flertalet studier på vinstdrivande och icke-vinstdrivande sjukhus dryftar vård i USA och Canada. Studier på sjukhus i Tyskland visar ändå ett likartat resultat. I en studie hade vinstdrivande sjukhus tiotusentals onödiga dödsfall som undveks i icke-vinstdrivande sjukhus. I en studie av sjukhem, var de tolv bästa sjukhemmen icke-vinstdrivande.[61]

Även den borgerlige ledarskribenten Håkan Boström skriver om resultatet av den privatiserade välfärden i Sverige i GP 2020-02-16: «Forskningen är entydig. Välfärdsvinsterna har på det stora hela uteblivit. Att det finns enskilda välfärdsföretag som gör ett bra jobb ändrar inte på den övergripande bilden.» Boström stöder sig på att privatiseringen av välfärden varken gett kvalitetsmässiga förbättringar eller försämringar. Han hänvisar till forskningsinstitutet SNS antologi «Konkurrensens konsekvenser» 2011 med Laura Hartman som forskningsledare.[62]

Nu när privatiseringen inte ens enligt högerns informationsinstitut som SNS gett samhället höjd kvalitet på välfärdstjänsterna, då har privatiseringen ju bara tagit pengar som kunnat gå till patienter och gett till kapitalister. Nu tänker man kanske att små summor inte spelar någon roll?

Redan så små sjukpenningökningar som 500 SEK per månad är t.ex. lika effektiva som psykofarmaka för många, allvarligt psykiskt sjuka. Psykisk sjukdom börjar ofta inte med att folk är udda, drar sig undan och får en psykisk sjukdom i sin isolering. Psykisk sjukdom börjar oftast med fattigdom som gör att en drabbad person inte kan umgås lika mycket som vanligt med sina vänner och släktingar. Då tenderar hen att dra sig undan och bli socialt isolerad. Sedan blir hen udda och till slut psykiskt sjuk. Psykisk sjukdom börjar med att det saknas bra jobb åt alla samt generösa socialförsäkringar och bidrag.[63]

Sann valfrihet i vården bör som Boström säger inte behöva bestå i att ersätta offentlig med privat vård utan mer i att individanpassa vården efter patientens behov.[64]

Ska de fattiga, och många andra, lämnas att få sämre vård än de rika, kanske ingen vård alls eller utförsäkras för att dö även i Sverige? Att rösta rött är enligt min mening nödvändigt för en offentligfinansierad och jämlik vård av världsklass för alla.

Fler banarbetare och allmän upprustning får tågen att gå i tid

Tåg kan vara ett effektivt, punktligt, billigt och klimatvänligt sätt att transportera privatpersoner och industrivaror på. Så var det länge i Sverige innan vi sparade in på detta transportmedel. Det finns många orsaker till att tågen så sällan går i tid. En är privatiseringen och konkurrensutsättningen av tågtrafiken. En annan är de internationella kraven på extraordinära subventioner av den koldioxidsprutande flygtrafiken.[65] Ulf Adelsohn varnade för detta år 2011 under Alliansens regering: «SJ har varit en lekstuga för okunniga politiker de senaste tjugo åren.»[66] Svenska folket vill ha tågtrafik över hela riket, fastän egentligen endast fyra linjer är lönsamma. Regeringen har ofta absurda lönsamhetskrav på järnvägen, vilket är svårt att förena med folkets önskemål om tågtrafik över hela riket. Underhållet av banverket har dessutom blivit eftersatt sedan 1980-talet samtidigt som tågtrafiken byggts ut.[67] Den tredje orsaken till tågproblematiken är att staten inte avsatt tillräckligt med medel för underhållet. En DN-artikel pekar på en avgörande skillnad gentemot Rysslands järnvägsunderhåll, som fungerar exemplariskt oavsett väderlek. Skillnaden är att Ryssland har en armé av banarbetare. De sätts omedelbart i arbete vid minsta driftstörning. I Sverige har vi i stället kraftigt skurit ner på antalet banarbetare och ersatt dem med allt fler tjänstemän.[68]

Med en investeringsbudget som löper över flera budgetår skulle staten få tid på sig att låta upprustningen av järnvägsnätet betala av sig, som jag pekar på i andra ställen i denna bok. Pengarna skulle vi kunna få genom att låna av oss själva, det vill säga från Riksbanken.

Fram för bekväma klimatlösningar

Miljövänner förstår vilken utmaning världen står inför från alla utsläpp. Men ibland tror jag att miljörörelsen domineras av människor som vill tillbaka till en hård och karg förteknologisk tillvaro. Tro mig, den tillvaron var så hård att vi fick rövarbaroner för att få folk att gå till sina tunga, fysiska jobb på gårdarna, i gruvorna, på stenbrotten och i krigen. Då var man än mer beroende av att bränna fossila bränslen som kol och ved för att hålla värmen och laga mat.

Många rödgröna partier vill av miljöskäl minska bilismen. Men bilismen kan bara med stora problem minskas. Den är motorn i vår ekonomi. Den är grunden för sysselsättningen och de skatteintäktsskapande vinsterna. Ja, den spyr ut fossila bränslen, men forska då istället på miljövänliga, förnyelsebara bränslen. Vätgas skapad av sol-, vind- och vattenenergi är en tänkbar lösning. Elbilsbatterierna utvecklas också i rask takt. Kanske kan framtidens bilar direktladdas av solstrålarna?

Att äga en bil är oerhört frihetsskapande och bekvämt. Det är drömmen många växt upp med. Jobba så kan du köpa en bil, transportera möbler, flytta till en ny bostad eller göra storköp i matvaruhuset. Hur kul är det med kollektivtrafik?

Och även om vi minskar bilismen, tror ni att flygen kommer försvinna eller lastbilstransporterna?

Lösningen är miljövänliga bränslen. Lägg ned tre extra procent av västvärldens BNP på att utveckla sådana.

Och vad gäller källsortering. Många orkar knappt jobba och sköta sin familj och så ska de källsortera också. Lösningen är enkel: Utöka antalet källsorteringsfabriker. Sådana finns redan på sina håll i Sverige och utomlands. Särskilt Tyskland har kommit långt med automatiserade fabriker som kan vara skonsamma för arbetarna i den. Mer fabrikskällsortering skulle öka sysselsättningen, förbättra källsorteringen och ge frihet och bekvämlighet åt kollektivet.[69]

Köttproduktionen anses vara ett miljöproblem, men tekniken är redan långt framskriden för att börja odla köttbitar i labb. Då behöver djuren varken slaktas eller släppa ut metangas. Sedan finns det vänsterklimatexperter som Johan Ehrenberg som menar att det behövs en viss naturlig köttproduktion. Annars finns det inte tillräckligt med betesdjur för att vårda våra öppna landskap. Annan ny forskning visar att även växter uppskattar sina liv, har en viss intelligens samt kommunikationsförmåga och inte uppskattar att bli dödade. Så ska vi inte äta något som uppskattar sitt liv, så finns det inte mycket för oss människor att äta.

Jag tycker även att vi borde inrätta ett globalt akveduktsystem så att vi snabbt kan forsla vatten från områden med översvämningar till områden med torka. Rent generellt, är vattenkonsumtion inget problem om vi återvinner och renar vattnet. Där anser jag att i-länder måste ge subventioner för vattenrening och vattenåtervinning i fattiga länder. Det är ju i de fattiga länderna i-världen förlägger sin vattenförorenande produktion särskilt av textilier. Då får väl den rika världen betala för vattenåtervinningen.

Vi kan inte ha en ekonomi baserad på evig tillväxt. Till och med de ekonomer som uppfann vårt ekonomiska system under 1800-1900-talen erkände detta.

Byt ut privat mot offentlig konsumtion eftersom offentliga utgifter inte påverkar klimatet lika mycket. Det vill säga investera mer i skola, vård, omsorg, kultur och tåg/kollektivtrafik än i mer miljöovänlig nöjesshopping, flygande och bilar. Jag är inte emot privat konsumtion men samhällets ekonomiska tyngdpunkt behöver klimatmässigt vila mer på offentlig konsumtion. Jag tror också vi människor skulle bli gladare av detta. Vad är mest värt, vård för den sjuke, en extra öl på stan eller en extra tröja på rea?

Förbättra det sociala välfärdssystemet så att människor inte behöver arbeta så hårt och därmed öka den problematiska, eviga ekonomiska tillväxten.

Skapa omedelbart ett jordbrukssystem som inte utrotar bina och andra insekter. Dessa är nödvändiga för allt liv på jorden genom att de pollinerar/befruktar så många växter. Neonicotinoider som bekämpningsmedel kan vara den stora syndaren, men också att alla ängsmarker där insekter frodas försvinner. De industriella jordbruken och folks välansade trädgårdar har inte tillräckligt med vildvuxna områden för att insekterna ska överleva. Kanske kunde en del av alla öppna gräs- eller odlingsytor vara reserverade enligt lag för ängsmark?

Grön teknik kan vara en problematisk lösning men den är den bästa vi har. Om vi återvände till en förindustriell ekonomi, kunde vi inte alls livnära så många människor som vi är i dag. Jobben skulle vara extremt krävande vilket enligt min historiematerialistiska tolkning skulle leda till en värld med mycket mer förtryck. Annars skulle du inte få människor att göra alla farliga, tunga jobb som ändå måste göras med eller utan teknik vare sig den är grön eller inte.

Forskning visar att fosforen som används som gödsel håller på att ta slut.[70] Men fosforen borde kunna ersättas med vulkanaska. Denna kan vi få genom att slipa ned vulkansten. Vulkanaska är en extremt potent gödselsort.[71]

Stoppa de privata bankerna från att förstöra våra samhällen. De stora skulderna från folket till de privata bankerna tvingar arbetare att arbeta mer och handla mer för att återbetala den skulden. Mer arbete och shopping belastar världens klimat för mycket.[72]

Reglera samhällets varuproducenter så att de flesta produkter får en garanterad livslängd på 10 år istället för bara två år. Varor som transportfordon bör ha en mycket längre garanterad funktion än idag. Många artiklar visar att branschen bygger de varor de säljer med en konstgjort kort livslängd för att sälja mer produkter. Detta är varken bra för den enskilda konsumentens ekonomi eller för världens klimat. Uppfinnaren Nikola Tesla (1856–1943) hade idén om en glödlampa som kunde fungera i 100 år. Den glödlampan valde Kapitalet bort för de glödlampor vi hade tills för några år sedan. Dessa gick regelbundet sönder och ledde till då mer konsumtion än Teslas lampa skulle ha gjort.

Detta är bara några tankar om hur vi kan rädda klimatet fritt, bekvämt och solidariskt. Varför innehåller inte miljöpolitiken fler sådana här lösningar? Jag vet inte. Men miljövännerna behöver föra en klimatpolitik som är smart och bekväm samtidigt som den löser utsläppsproblematiken. Lösningar finns alltid. Låt kreativiteten flöda!

Skolan, kunskapssamhället och kulturen

Vinstfri skola ger bättre skolresultat

Få kan ha undgått de senaste årens skoldebatt. Skolresultaten i Sverige har sjunkit drastiskt sedan början av 2000-talet.[73] Skolan var fram till 1991 en statlig angelägenhet. Så hade vi också mycket goda skolresultat. Efter kommunaliseringen öppnade riksdagen upp för privata vinster. Sverige är nu världsunikt om att tillåta oreglerade vinstuttag.

Kommunerna liksom friskolorna svär sig fria. Men alla tycks rörande överens om att resultaten måste förbättras. Ett batteri av åtgärder har föreslagits: alltifrån mobilförbud till ökad konkurrens med friskolor. Kommer de här åtgärderna att få avsedd effekt? Mitt svar är att det huvudsakliga problemet inte i första hand är ordningsfrågan vilket många annars påstår. Ordningsproblemen har uppkommit på grund av en hårdare segregerad skola och ett allt mer ojämlikt samhälle. Denna skola måste därtill konkurrera med aktiebolag vilka plockar ut vinster från våra skattepengar. Det är där vi måste börja med att sätta in åtgärder. Skolverket tar i artikeln *Strukturella orsaker till sjunkande skolresultat* upp att de ökade resultatskillnaderna sedan 1990-talet sammanfallit med nyheter i skolsystemets uppbyggnad och större socioekonomiska skillnader. Nyheterna kan delas upp i fyra kategorier; segregering, decentralisering, differentiering och individualisering. Segregeringen började på 1990-talet. För det första gjorde krisen då att infödda svenskar började flytta ifrån socialt utsatta områden. Sedan stärkte friskolereformen att infödda och/eller högpresterande elever hamnade i vissa skolor och elever med mera behov i andra skolor. Många föräldrar ville

72

ha sina barn i högpresterande skolor. Många friskolor som ville öka vinsten ville inte ha elever med större behov. Decentraliseringen betydde att skolan kommunaliserades. För det första har inte alla kommuner samma ekonomi att driva bra skolor med. För det andra fick kommunala skolor större kostnader när de hade skyldighet att ta hand om de elever, ofta med större behov, som friskolorna valt bort. Samtidigt kompenserades inte kommunala skolor och fattiga kommuner tillräckligt för dessa ökande kostnader av kommunaliseringen och friskolereformen. Differentieringen innebar att man delade in elever efter prestationsförmåga. Detta gav de svagaste eleverna prestationssänkande stigma och deras lärare prestationssänkande negativa förväntningar på samma elever. Individualiseringen av lärarnas undervisning ledde till att lärarna fick syssla mer med administration och eleverna ta ett större ansvar för sin egen skolgång när s.k. katederundervisning minskade. Detta gynnade högpresterande elever med studievana föräldrar, men missgynnade elever eventuellt med större behov och mer studieovana föräldrar.[74]

Företrädare för Kungliga Vetenskapsakademien skriver i DN:

«Gör om våra skolor så att de blir likvärda, utan den nuvarande marknadsbetingade (och ofta populistiskt präglade) profileringen i olika riktningar. Segregationen inom skolsystemet måste så långt det går motverkas. Möjligheten att bedriva skolverksamhet i vinstdrivande syfte bör elimineras.»[75]

Låt staten åter bli huvudman för den svenska skolan och öka därmed likvärdigheten. Låt skattepengarna gå tillbaka till skolan och inte till vinster. Låt svenska elever och lärare få den skola de förtjänar: en trygg skola med goda villkor för alla som verkar i den.[76]

En skola, bostadsområden och ett samhälle för alla

En moderat politiker berättade privat att problemet med den svenska skolan före friskolereformen och kommunaliseringen på 90-talet var att den gjorde att alla elever lyckades för bra och jämnt. Borgarna ville enligt honom att det skulle bli lättare för borgarnas barn att lyckas och svårare för de fattigas. Det fria skolvalet lyckades med detta. Till priset av att de genomsnittliga skolresultaten och den allmänna kunskapsnivån rasar för alla samhällsklasser.

Det fanns möjlighet till att studera i friskola för en låg eller ringa kostnad redan före friskolereformen i såväl klassiska privatskolor som i mer alternativa skolor med t.ex. Waldorf- eller Montessori-pedagogik. Friskolereformen ledde inte till att sådana högkvalitativa friskolor ökade i antal utan bara till en segregering och kommersialisering av skolan där höga skolbetyg prioriterades framför lärarnas villkor och löner och framför en hög kunskapsnivå i friskolorna.

Alla elever lyckas bättre om starka och svaga elever blandas i samma klass visar den pedagogiska forskningen. Denna tes stärks av hur det gått för skolresultaten efter den tilltagande segregationen.

För att skolorna ska bli mer likvärdiga måste vi minska boendesegregationen i Sverige. Detta skulle kunna åstadkommas genom ett miljonprogram för billiga, bra, vackra och utseendemässigt varierade hyreslägenheter med betydande inslag av bostadsrätter och enfamiljshus. Sedan är en annan erfarenhet från tidigare miljonprogram att bottenvåningarna måste reserveras åt gemenskapslokaler och företag så att inte gatorna blir mörka och skrämmande på nätterna. Då skulle de nya kvarteren kunna locka till sig människor ur alla socialgrupper.

Om samhället samtidigt inriktade sig på att de ekonomiska skillnaderna skulle vara små i samhället och på att det fanns arbeten åt alla med en god och säker arbetsmiljö tack vare en stärkt arbetslagstiftning och en utbyggd offentlig sektor, så skulle alla samhällsgrupper må bättre och incitamenten för boendesegregation minska.

Det är också till fördel för karriärister att ha mer blandad befolkning i ett bostadsområde. Det kan vara oerhört stressande i ett högstatusområde att känna sig mindre lyckad bara för att man inte nått längst även om man nått långt. Samtidigt kan det i ett socialt blandat kvarter inspirera den från en utsatt bakgrund att se att det går att arbeta sig uppåt.

I det tidigare mer jämlika Sverige var den allmänna kunskapsnivån och skolresultaten i skolan högre. Dit borde vi sträva genom en översyn av friskolereformen och genom att bygga upp ett samhälle för alla igen.

Vikten av kunskap och utbildning hela livet

Ett lands rikedom beror på många olika saker. En viktig anledning till rikedom är om tillräckligt många löntagare har tillräckligt hög know-how. Know-how är specialistkompetens du fått genom utbildning eller erfarenhet särskilt efter gymnasiet. Utan generellt höga kunskapsnivåer bland våra anställda, tvingas svensk arbetskraft konkurrera på den internationella marknaden med låg lön och hårt arbete. Någon gräns för hur lågavlönat och hårt arbetet då kan bli finns inte. Se bara på länder som Bangladesh och många länder i Afrika. I Bangladesh med många lågutbildade höjdes minimilönen per månad 2018 till 95 USD. En lön det skulle vara möjligt att leva på 2018 enligt det globala fackets beräkningar skulle i Bangladesh snarare ligga på 188 USD.[77] Så utan tillräckligt spridd know-how kan lägstalönerna sjunka till runt hälften av en skälig levnadslön.

När du har en hög know-how kan du sköta t.ex. maskiner som producerar bättre och snabbare än du kan manuellt. Då kan du producera mer och bättre till mindre ansträngning. Även om du inte arbetar med maskiner, så blir du mindre utbytbar p.g.a. att inte lika många har din spetskompetens. Ju mer du kan producera och/eller ju mindre utbytbar du är, desto högre lön och bättre arbetsvillkor kan du begära.

Ska då löneskillnaderna vara höga mellan låg- och högutbildade i ett land med en generellt spridd know-how? Det finns många nackdelar för alla medborgare i ett land med stora löneskillnader. För låga lägstalöner utgör en press nedåt på hela samhällets lönestruktur. Pressen ökar då på alla att ta allt sämre löner för att överhuvudtaget få en försörjning. Är lönerna mer jämlika kan låg- och högutbildade lättare umgås och även gifta sig med varandra. I länder med större klassklyftor kommer lättare ekonomiska aspekter in i val av sociala relationer. Dessutom ökar kriminalitet, psykisk ohälsa och annan social oro, när inkomstskillnaderna blir för stora. Livslängden minskar även för de rikaste i mer ojämlika samhällen.[78] Det blir alltså många nackdelar för de flesta i samhällen med stora inkomstskillnader.

Dessutom, om vissa yrken blir för privilegierade, så vill alla bara ha dessa och det uppstår brister i andra yrken som också behövs. Relativt små löneskillnader till de högutbildades fördel är nog ofrånkomliga. Utan en generellt hög know-how minskar landets internationella konkurrenskraft betydligt.

Ett välmående samhälle behöver därför ha ett högkvalitativt och jämlikt skol- och universitetssystem med avgiftsfria studier och tillräckligt höga studiemedel.

Om jag inte minns fel så var tanken med nivån på studiemedlen, att en student skulle kunna leva på samma nivå som en låginkomsttagare. Genom att arbetsgivarna tvingar på de anställda ofrivilliga deltider, ligger idag många låglönejobb på 12 000 SEK efter skatt. Det är högre än CSN för en månads studier som ligger på mellan 10 500 – 11 000 SEK. Båda nivåerna är för låga. Till och med en ekonom säger att 12 000 SEK netto i månaden är ytterst svårt att leva på, särskilt om du har försörjningsansvar för barn och du är ensamstående.[79]

Som jag skrev tidigare i kapitlet «Den järnhårda lönelagen leder till arbetarens mardröm» så tenderar bidragsnivåerna och de lägsta lönerna att följas åt. Borgarna sänkte socialförsäkringarna under Alliansregeringarna 2006–2014 och gjorde angrepp på arbetsrätten för att motivera arbetarna att jobba hårdare till lägre lön. Borgarna ville sänka reservationslönen. Därför stramade de åt socialförsäkrings- och bidragssystemen.[80] Reservationslönen är den lägsta lön du är villig att acceptera när du söker ett nytt arbete. Detta är i enlighet med principen om den järnhårda lönelagen. Enligt den så leder brist på skydd av arbetsrätt, socialförsäkringar och bidrag, till att de arbetssökande tvingas att ta jobb till vilka villkor som helst. Arbetsgivarna pressas alltid av konkurrensen att hålla så låga priser som möjligt. Då måste de sänka de anställdas villkor så mycket som lagen tillåter. Alltså, arbetsrätten, arbetsvillkoren och välfärden i samhället reglerar hur arbetarna längst ned har det.

Sedan är en stor del av studenterna idag över 26 år och 20 % har egna barn under studietiden.[81] Vill Sverige stå starkt i den internationella kunskapskonkurrensen bör studiemedlen ligga på en nivå som gör att även äldre studenter med barn vill och kan studera vid behov.

Många studenter har utrikes bakgrund och/eller en eller flera funktionsvariationer. Många inom denna grupp har också behov av att komplettera sin know-how för att komma in på den svenska arbetsmarknaden. Know-how är specialistkompetens som behövs för att utföra ett visst arbete. Logiskt är det först efter studierna som dessa grupper börjar få lättare att få arbete. Då behöver de ett studiemedel det går att försörja sig och eventuella barn på under studietiden. Samtidigt bygger full sysselsättningspolitik i Sverige på att arbetskraft med utrikes bakgrund och funktionsvarierade kommer i arbete. Allt detta talar för behovet av en tillräckligt generös studiemedelsnivå.[82]

Det finns samtidigt ett generellt behov av höjning av knowhowen hos den svenska arbetskraften för att full sysselsättning och en växande ekonomi skall kunna bibehållas. 2019–2024 kommer det enligt Arbetsförmedlingen saknas runt 100 000 personer med rätt eftergymnasial utbildning.[83]

Det kan väl vara acceptabelt att samhället förväntar sig att en som studerar kan behöva jobba lite extra för att dryga ut sin kassa. Men hur mycket ska man behöva jobba extra? För övrigt får man inte tjäna hur mycket pengar som helst utan att studiemedlen sänks. En studie vid Malmö högskola visade att extraarbete inte nödvändigtvis försämrade studieresultat. Samtidigt förbättrade minst 30 aktiva studietimmar i veckan studieresultaten. Psykisk ohälsa ökade såväl vid brist på ekonomisk möjlighet till en meningsfull fritid eller tid för densamma.[84] Studien visar enligt mig på att studenterna mår bättre och presterar bättre om de får ekonomisk möjlighet att fokusera på sina studier.

Alliansen försvårade även rätten att spara ett intjänat arbetsvillkor, det vill säga rätten att ta ut a-kassa, för att hindra att studenter tog a-kassa under sommaren då inget studiemedel brukar utgå. Du kan bli återbetalningsskyldig för arbetslöshetsersättning om a-kassan bedömer att du haft i syfte att återuppta dina studier efter en arbetslöshetsperiod.[85] Ett gott modernt samhälle vill underlätta klassresan för att öka jämlikheten men också för att arbetskraften lättare skall kunna ställa om till de ständigt växlande kompetenskraven på arbetsmarknaden.

Sätt studiemedlen på en nivå som tillåter även barn till låginkomsttagare att fokusera på studierna såväl under studieåret som under studieuppehållen sommar- och vintertid. Därtill tycker jag att bidragsdelen bör vara en betydande del av studiemedlen.

Att skuldsätta studenter för tid och evighet avskräcker bara från studier samtidigt som arbetsmarknaden skriker efter arbetskraft med spetskompetens.

Idén om det livslånga lärandet är god och viktig för att stärka Sveriges konkurrenskraft. Det är en viktig tillgång för Sveriges företag och myndigheter att dess medborgare kan vidareutveckla sin kompetens livet igenom.

Vi måste återinföra möjligheterna för dem som inte lyckades så väl i skolan att läsa upp sina betyg på Komvux. Alliansen tog bort möjligheten att läsa upp betyg under lärarledda lektioner med studiemedel från CSN. Denna möjlighet är viktig särskilt för studenter från en studieovan bakgrund. Det intressanta är att flera regeringsmedlemmar i den Alliansregering som tog bort denna möjlighet hade själva tidigare utnyttjat densamma för egen del.

Men det livslånga lärandet måste även gälla universitetsstudier. En universitetsutbildning kan bli förlegad, man kan förlora kunskap genom sjukdom och arbetslöshet. Man kanske behöver ta ytterligare en kurs för att förbli attraktiv på arbetsmarknaden. Vi kan därför behöva förlänga åren med rätt till studiemedel för universitetsstudier.

Sedan kan en universitetsutbildning behöva kompletteras efter ett par år i arbetslivet med den nya spetskompetens som näringslivet skiftande behov ofta ställer krav på. Då behövs arbetsmarknadsutbildningar köpta av Arbetsförmedlingen som även arbetslösa akademiker kan gå på gratis med bibehållen a-kassa. Sverige har fått en oerhörd brist på kompetent personal sedan Alliansen 2006–2014 tog bort de flesta arbetsmarknadsutbildningar utom till de mer okvalificerade yrkena.

Därför behöver alla, även akademiker, kunna få arbetsmarknadsutbildningar som gör att man kan uppdatera sin kompetens eller vidareutbilda sig genom hela livet för arbetsmarknadens behov.

Fri kultur och museer
med enbart sanningskrav

Inte bara skola, vård, och omsorg är viktiga. Folk behöver enligt mig hjälp till kritisk omvärldskunskap i populariserad form hela livet. Detta är viktigt för demokratin men också för att lägre utbildade ska kunna navigera i samhället. Vi behöver en rik och oberoende musei- och mediesektor som fritt kan söka sanningen oavsett vem den tilltalar eller provocerar.

Sedan är det viktigt med den fria gestaltande kulturen som romaner, konst, poesi, teater m.m. Det är viktigt att även icke-kommersiell kultur är fri från ekonomisk press från stat eller kapital. För detta behövs offentliga, ekonomiska subventioner som är såväl tillräckligt stora som utan onödiga restriktioner. Är inte kulturen fri, är inte medborgaren fri.

För detta behövs offentliga bidrag till museer, mindre tidningar, tidskrifter, konstnärer och andra kulturutövare.

Annars får vi bara sådan populärkultur som lättast når massorna såsom t.ex. våldsskildringar, sex, konsumtionshets och osunda kroppsideal ofta gör. Sådan kultur kan ha sitt syfte men kan inte få vara den enda som når folket.

Det är ytterst viktigt att de offentliga museerna åläggs att söka sanningen. Det kravet behöver man inte lägga på den enskilde konstnären. De offentliga museerna bör ge källkritiskt beprövade kunskaper som hjälper besökarna att orientera sig i världen och livet. Museer ska inte bara provocera i första hand. Att sanningen kan vara provocerande är en annan sak. Konstmuseer skall berätta vad som är sant om konstnären, men konsten i sig måste få vara fri.

När människor växer upp, är det skolans uppgift att ge eleverna och studenterna vetenskapligt beprövad kunskap. Men ju äldre vi blir, desto mer desinformation råkar vi ut för. Vi människor har därför ett behov av att få hjälp av välutbildade människor på offentliga kulturinstitutioner att orientera oss i världen. Likaså bör museerna heller inte bara rikta sin information till barn och nybörjare på ett ämne utan även ha något att erbjuda insatta besökare.

Skola, vård och omsorg är viktiga frågor men det offentligas ansvar är större än så. Det sträcker sig från vägar, kommunikation, försvaret, polisen, brandskydd till ett oräkneligt antal områden varav kultur är ett försummat.

Nu när fler jobb automatiseras bort, borde vi då inte satsa från samhällets sida på att fler ska kunna arbeta med kultur?

Alliansfrihet i fred och neutralitet i krig via ett starkt försvar

Sverige deltog i olika militära allianser på 1600–1800-talen men riket blev till slut trött på att svenska soldater dog i strid för främmande makt. Så föddes ett frö till vår neutralitetsprincip: «alliansfrihet i fred syftande till neutralitet i krig» i början av 1800-talet. Denna neutralitetspolitik har oftast varit lite falsk sedan den uppstod och gjort att vi kunnat ducka mellan stridande grannstater och sedan när en sida vinner ställa oss på dennes. Under andra världskriget, när vi lät tyska militärtåg åka genom Sverige, kränkte vi i praktiken vår neutralitetspolitik. Å andra sidan gjorde våra eftergifter att judar och andra flyktingar kunde finna asyl hos oss. Under efterkrigstiden/ Kalla kriget var vi ängsliga och eftergivna mot Sovjetunionen samtidigt som vi försökte skaffa oss försvarslöften under ytan från NATO. NATO grundades som en västeuropeisk, internationell försvarsstyrka under nordamerikansk ledning efter andra världskrigets slut. Det konkreta syftet med NATO var att försvara Västeuropa mot det kommunistiska Sovjetunionen. Sovjetunionen var ett kommunistiskt imperium som ersatte tsarväldet Ryssland genom revolutionen 1917 tills Sovjetunionen föll 1991. Kalla Kriget var ett krig mestadels genom hot mellan USA och Sovjetunionen om vilken av dessa två stormakter som skulle ha mest kontroll över världen. Det varade från Andra världskrigets slut till kommunismens fall. Både Sovjetunionen/Ryssland och USA blev mot slutet av Andra världskriget och tiden strax därefter kärnvapenmakter med styrka nog att utplåna allt liv på jorden många gånger om. Därför undvek dessa två stormakter regelrätta slag.

Sverige ville inte vara för tydligt allierade med NATO, för då kunde Sovjetunionen bli så provocerade att de anföll oss.

Istället byggde vårt försvar på att kombinera en finlirande neutralitetspolitik med ett starkt värnpliktsförsvar. Värnplikt var en militär utbildnings- och försvarsplikt för svenska män under tiden 1901–2009/10. 2009/10 försvann värnplikten i fredstid vilket de facto betydde att man övergav den. Värnplikten har sitt ursprung i «det ständiga knektehållet» som infördes på 1630-talet och var försörjt av det yngre Indelningsverket. Detta innebar att vissa landskap i Sverige vid kunglig utskrivning alltid skulle hålla kungen med en knekt/soldat som skulle försörjas av en viss jordbruksenhet. Detta tidiga förstadium till en värnpliktsarmé gav Sverige en exceptionell militär styrka från 1630-talet till 1718. Andra länder var tvungna att hålla sig med dyra och opålitliga legoknektar/yrkessoldater i högre grad än Sverige.

Värnpliktsförsvaret i Sverige under Kalla Kriget måste vara så starkt att det skulle bli för kostsamt för Sovjetunionen att invadera oss. Trots detta var Sverige medvetet om att försvaret aldrig skulle kunna bli starkt nog för att självt direkt kunna förhindra Sovjet från att till slut ta oss utan att vi fick hjälp från NATO.

När Sovjet föll minskade vi arrogant allt mer på värnpliktsarmén. Till slut avskaffade Alliansen 2009 värnplikten i fredstid och införde istället ett minimalt yrkesförsvar. Detta försvar hade problem att få tillräckligt många som ville arbeta i det. Försvarets befälhavare sade ofta i media att vi inte skulle klara oss ens en vecka mot det under 2010-talet allt aggressivare Ryssland. När Socialdemokraterna fick makten igen 2014, återskapade de 2017 till slut värnpliktsarmén om än inte i samma storformat som innan Sovjetunionens fall. Samtidigt har vi alltmer tydligt närmat oss till NATO. Vi har försvarsavtal med NATO utan att direkt ha övergett vår alliansfrihet.

De som fattat besluten att närma oss NATO tror att detta skyddar oss från Sovjetunionen. Jag tillhör dem som tror att Rysslands önskan är att vi ska ha ett så starkt nationellt försvar att vi upplevs kunna försvara oss utan tydligt stöd från NATO. Ju svagare försvar och ju mer Sverige närmar sig NATO, desto mer hotat känner sig Ryssland av oss.

Vår största styrka är att finlira på vår neutralitetspolitik som ett land politiskt och geografiskt mittemellan öst och väst. För detta behöver vi en stor, stark värnpliktsarmé.[86] Sverige kan inte vara så dumdristigt som det var mot slutet av 90-talet till år 2016 att det kunde tro att Ryssland eller någon annan främmande makt aldrig skulle bli ett hot igen. Det tar lång tid att bygga upp ett starkt försvar. Därför måste vårt svenska försvar alltid vara starkt nog att kunna avskräcka och försvara oss mot framtida militära hot. En värnpliktsarmé har historiskt visat sig lojalare mot demokratin och sitt land samt effektivare och billigare i drift än opålitliga, dyra yrkessoldater.

För att Sverige ska överleva framtida krig, kriser, katastrofer och pandemier behöver staten bygga upp alla de lager vi hade av medicin, mat, olja, sjukvårdsverktyg etc. förr i tiden. Vi måste kunna klara oss själva något år emellanåt.

Det neurotiska renlevnadssamhället

Det neurotiska renlevnadssamhället bryter ner oss en efter en. Samhället skuldbelägger individen och idealiserar samtidigt individuell skötsamhet. Om individen sköter sig så antas strukturella problem upphöra, till exempel om individen köper ekologiskt, svenskt kött, så antas hela miljöproblematiken upphöra. Den individ som däremot inte köper ekologiskt kött, står ensam ansvarig för en global miljökatastrof. Moralismen omfattar, snart sagt, livets alla områden: rökning, alkoholkonsumtion, matvanor, träningshysteri, karriärfixering, föräldraideal, överdiagnosticering av barn, pensionssparande och krav på politisk korrekthet.

I Lukasevangeliet 7:47 står det vist: «Den som får litet förlåtet visar liten kärlek.» Vi lever i ett samhälle där vissa som haft ett tryggare eller mindre utmanande liv än andra kanske har mindre personlig skuld att bära. Men alla människor har något gott och något ont i sig. Som samhällsmedborgare har vi medverkat till alla de värsta brotten inklusive stöld, våld och våldtäkt. Vi är alla med i en kapitalistisk produktionsprocess där arbetaren inte får fullt ut betalt för den ekonomiska nyttan av hens arbete. I fattiga länder är arbetarens tillvaro på en slavliknande nivå. Och vi har alla köpt varor producerade av människor i sådana länder. De som tillverkar jeans dör ofta i förtid. Den som har åkt buss har förbrukat olja producerad genom våld och stöld från urbefolkningen i det fattiga Syd. Den som köpt en mobiltelefon eller TV-spelskonsol har antagligen haft en vara tillverkad genom de våldtäkter och dödsfall soldaterna i inbördeskriget i Kongo-Kinshasa orsakade mellan åren 1998 och 2003. Detta krig handlade om kontrollen över de mineraler som behövs till våra mobiltelefoner. Men även i en helt rättvis värld skulle den som överhuvudtaget vill att det finns arbetstillfällen, trafik eller bostäder vara skyldig till mord och fysisk och mental skada på andra. För några kommer att råka illa ut även i ett helt rättvist samhälle. Vill vi leva kan vi inte undgå att som kollektiv göra även de värsta illdåd.

Vi behöver självklart straffa grovt kriminella i form av tidsbestämd tvångsvård. Men forskning och historien visar att hårda straff inte minskar brottsligheten eller återfallen i brott.[87]

Så med vår kollektiva skuld i åtanke, kanske vi inte skulle döma varandra så mycket för mindre förseelser i dagens samhälle? Vår civilisation är en tunn fernissa. Innan Kina blev ett kapitalistsamhälle, rådde svält i landet. Då hittade man plötsligt lik längs vägarna som folk ätit på.

Många av oss är ytterst stressade ekonomiskt, socialt eller på arbetet. Ju mer stressade vi är under längre tid, desto sämre fungerar de flestas hjärna. Stressade människor begår misstag. *Humanum errare est*! (Det är mänskligt att fela.) konstaterade redan de antika romarna.

Och om du i all denna stress på något sätt begår ett ekonomiskt misstag, till exempel skuldsätter dig, så riskerar du ett helt liv i ekonomisk misär. Det beror på dig och inte på att du hamnat i en svår situation orsakad av strukturella problem. Ett annat exempel: Om du väljer ett elbolag som tar mycket betalt så är det inte elbolaget som varit girigt utan du som varit för slö för att välja rätt elbolag. Det är budskapet.

Marknaden ställer allt större krav på individen, men det gör också politiken och de ideella rörelserna. Det är en neurotisk och osann hållning. Endast med gemensamma krafter kan vi lösa gemensamma problem.

All denna moral handlar inte om godhet. Den handlar om disciplinering och inordning. Marknaden vill inte ha ett ifrågasättande av arbetslivets och ekonomins ordning. Därför för den fram till synes oundvikliga samband mellan ekonomisk och arbetsmässig underordning och allehanda moraliska livsråd. Marknaden vill helt enkelt ha ängsliga, oroliga och förtryckta människor.

Jag är självklart för en normal skötsamhet. Men minsta lilla misstag kan inte leda till att individen hålls ansvarig för samhällets alla strukturella tillkortakommanden eller ses som en värre människa än de som inte haft samma otur.

«Döm inte, så skall ni inte bli dömda.» (Lukasevangeliet 6:37)

Filosofen Foucault talade om att när de feodala straffen blev mildare mot slutet av 1700-talet och början av 1800-talet, så gick samhället från att disciplinera våra kroppar genom fysiska bestraffningar till att tukta våra själar.

Facebook och sociala medier har tagit detta ett steg längre.

Under efterkrigstiden fram till 1980 ökade lönerna något enormt. Sedan dess har köpkraften i de flesta i-länder stagnerat eller gått tillbaka. Detta var nyliberalismens sätt att hantera den arbetslöshet och inflation som uppstod när USA:s världsvaluta dollarn övergav guldmyntfoten i slutet av 1970-talet. Det inledde en era som fortfarande varar med ständigt nedskuren välfärd, sänkta pensioner och eviga attacker på de anställdas löner och arbetsvillkor. Efter 40 år med denna politik har folket avsevärt sämre villkor än under sina keynesianska generationsföregångares tid.

I början visste många inte hur de skulle använda Facebook och blottade personliga misstag där. Men de bestraffades socialt eller av sina arbetsgivare för detta. De flesta användare av sociala medier berättar därför mestadels bara om de bra tillfällena i sitt liv. De tävlar om att få mest likes för sina lyckobilder. De sociala mediernas lyckobilder får oss att förtränga att alla med de senaste årtiondenas åtstramningspolitik antagligen jobbar för hårt till lägre lön än sina företrädare. De som inte har jobb har det heller inte lätt. För arbetslösa och sjukskrivna är det viktigt att inte anklaga sig själva för dålig ekonomi, brist på stimulerande fritid eller ofrivillig isolering. Det är viktigt för oss alla att komma ihåg att livet är inte lika lätt som det verkar på sociala medier.

Visst finns det inlägg i sociala media som verkar för att tipsa om kultur/nöje, viktiga samhällsfrågor eller annat gott. Det finns förstås också många inlägg som tyvärr vill driva folkopinionen mot intolerans och sträng moralism. Men kontentan av alla dessa inlägg är att de produceras av användarna av sociala medier. Dessa användare är inte alltid medvetna om att de är frivillig, gratis arbetskraft för dem som äger de sociala medierna. Är produkten gratis, är du som konsument antagligen produkten.

Facebook och sociala medier har blivit väldigt effektiva verktyg där vi disciplinerar oss själva att acceptera miljardärernas lyxliv och vår egen stress, press och jäkt.

Samtidigt lever vi i konsument- och samhällssystem som allt mer fokuserar på och vänjer oss vid vänlig, enkel, funktionell brukbarhet. Detta är på ett sätt gott. Det vänjer oss också vid det överallt närvarande kravet att ständigt vara maximalt både vänliga och nyttiga. Men den mänskliga naturen har ju ett stort inslag av irrationalitet som också måste få levas ut för att inte våra hjärnor ska haverera.

Visst handlar livet inte bara om att kräva sin rätt, utan också om att göra sin plikt mot t.ex. sin arbetsgivare och sina medmänniskor. Men kontrollen via vanliga och sociala media kan inte begära att vi ska vara hundraprocentiga helgon. Vi kan inte i lag reglera allt fler detaljfrågor för att skapa den perfekta människan.

Genom att återinföra rätten till bostad och rätten till och plikten att utföra ett jobb efter vår förmåga, genom att öka den ekonomiska omfördelningen samt förbättra samhällets sociala omsorg om sina behövande, så skulle människorna antagligen bete sig bättre socialt, må bättre psykiskt och fysiskt och prestera bättre på jobbet. Det antyder flera decenniers forskning samlade i boken «Jämlikhetsanden».[88]

Sanningen är att människan aldrig blir helt moraliskt fulländad. Vi lär oss hela livet genom att försöka och misslyckas.

Som filosofen Kierkegaard sade så lever vi livet på förhand och får facit i efterhand. Det går inte att kräva av människan att hon bara skall göra rätt hela tiden.

Den rödgröna utmaningen

Babysteps mot ett fritt, jämlikt och solidariskt samhälle

Det är viktigt att vi rödgröna vågar berätta om allt bra vår rödgröna minoritetsregering 2014–2018 gjorde med den lilla makt de hade. De höjde a-kassan så att den blev lite lättare att leva på. De lyckades ett tag ta bort den automatiska stupstocken i sjukförsäkringen. De stoppade skattesänkningarna och höjde till och med vissa skatter. Med denna politik återfick Sverige högkonjunktur.

Höjningen av socialförsäkringarna räknas som automatiska konjunkturstabilisatorer. Genom att de, även om de höjs, mestadels är för låga för att tillåta sparande så går alla sådana utbetalningar till konsumtion och bidrar till att upprätthålla tillväxten och sysselsättningen i ekonomin.

Vi fick också nästan den största sysselsättningsnivån räknat i andel sysselsatta av alla i arbetsför ålder någonsin i Sverige åren 2014–2018.

Vi återinförde värnplikten så att inte bara socioekonomiskt utsatta barn skulle få slåss för vårt land och så att vi fick ett tillräckligt starkt försvar. När försvaret blir tillräckligt starkt blir det avskräckande i styrka och gör förhoppningsvis då att vi slipper bli attackerade.

Om vi har kunnat göra allt detta i minoritet, hur mycket skulle då inte de rödgröna kunna göra om de fick majoriteten.

Berätta om hur även små steg gör stor skillnad! De rödgröna medierna är svaga och i minoritet. Att vi vanliga medborgare vågar tala om blockskillnaderna spelar jättestor roll för Sveriges vägval i framtiden.

Vision

Jag är för ett samhälle där alla människor får kulturell och materiell näring och där alla tillåts att i egen takt utveckla sig själva och samtidigt bidra till det gemensamma bästa.

Människorna i Sverige och världen bör uppmuntras till att sträva efter och få rimlig hjälp att nå sina «bästa stämningars längtan», ett uttryck som Sverige förste socialdemokratiske statsminister Halmar Branting (1860–1925) myntade en gång i tiden. Reinfeldts borgerliga skräckmotto är istället att svenskarna via åtstramningar i välfärden ska ta det arbete de i sina värsta stämningars fruktan bara tror att de kan få.

Jag är för ett frihetligt och meritokratiskt vänstersocialdemokratiskt samhälle med bekväma klimatlösningar.

Högre utbildning måste få löna sig men inkomstskillnaderna måste vara små. Alla behövs och är lika värdefulla. På något sätt måste vi beskatta även kapitalister mera. Kanske kan bolagsskatten eller realisationsskatten ökas eller en progressiv förmögenhetsskatt återinföras.

Företag med bra affärsidéer måste i ett gott skattesystem hypotetiskt kunna löna sig. Du kan dock inte tro att du ska bli rik på en enskild butik. Stordrift, automatisering och hög verkshöjd på produkterna är nödvändiga delar för att skapa en stor vinst. Vi kan inte bygga samhället på salladsbarer, småbutiker eller outsourcade småföretagare som inte har råd att ge sina anställda kollektivavtalslöner och god arbetsmiljö. Men kanske kan vi införa en progressiv företagsbeskattning och bättre socialförsäkringsskydd för småföretagare?

Mycket var gott med fördelningen mellan privat och offentlig sektor på tidigt 1980-tal. Svensk blandekonomi med stor offentlig sektor, strikt arbetsrätt och generösa socialförsäkringar var ett av de bästa samhällsekonomiska framgångsrecepten någonsin.

Den svenska skattenivån runt år 2006, innan Reinfeldt fick makten, var bra, även om man kan behålla skattesänkningarna för dem som tjänar under 30 000 – 35 000 SEK per månad. Skattenivån, får jag nog erkänna, var lite för hög för låg- och medelinkomsttagare innan Reinfeldt fick makten.

Kanske kan ett införande av minimala statliga avgifter på varje aktieköp eller aktieförsäljning eller olika former av valutahandel på Sveriges aktiebörser ersätta de offentliga intäktsförluster som andra skattesänkningar lett till. En sådan skatt kallas i samhällsdiskussionen för en Tobin-skatt. Namnet härrör från vad ekonomen hette som lanserade idén om denna skatt på 1970-talet.[89]

Vi behöver återinföra ett pensionssystem som ger de allra flesta, även dem som bara jobbat 15 år men som ofrivilligt varit borta från arbetsmarknaden, en god pension. Ett helt arbetsliv innehåller många tider av ofrivillig sjukdom eller arbetslöshet. Andra kommer hit som invandrare sent i livet. Alla som försökt sitt bästa för att lönearbeta och sköta sig i Sverige måste få en levnadsduglig ålderspension.

Sverige är ändå fantastiskt. Vi bör inte flörta med den brunblåa skräckpropagandan. Samtidigt måste vi ta tag i hur vi ska nå full sysselsättning utan stress för de anställda och med återställd välfärd i Sverige.

Vi behöver en samhällsekonomi som drivs av att staten tar ut tillräckligt med skatt och därutöver skuldsätter sig hos sin egen centralbank för att bygga ut infrastrukturen och andra nödvändiga samhällsinsatser. Centralbanker bör vara statliga så att inte pengaskapandet ägs av någon kapitalist. Vi behöver reglera bankväsendet så att inte ekonomin går ut på att skuldsätta folket med risk för finanskriser som krossar samhället.

Vi behöver reglera robotiseringen så att inte människan blir slav under maskinerna. Vi behöver förbättra möjligheterna till vidareutbildning på alla nivåer hela livet, ty robotiseringen kommer att slå mot det stora flertalet.

Sverige behöver stå fast mot ekonomiska eller militära avtal som hotar vår lagstiftningsfrihet eller neutralitet.

Lönerna, arbetsvillkoren och pensionerna behöver förbättras, särskilt i kvinnoyrken. Idén om att pensionerna hotar statskassan bygger på kreativ (hittepå-) matematik enligt ekonomen Sven Grassman och fil. dr. Daniel Ankarloo.

Särskilt de stora arbetsplatserna behöver decentraliseras. Deras anställda måste slippa att detaljregleras så mycket av sina chefer. Kanske kan olika delar av stora arbetsplatser bli mer autonoma, mindre delar? Samtidigt kan de enskilda, anställda få mer frihet under ansvar att jobba mot de gemensamma målen för arbetsplatsen på sitt sätt. Goda villkor skapar bättre lojalitet, effektivitet och målstyrning än detaljreglering.

Vi behöver bekämpa utanförskapet med bra jobb åt alla och inte med nekad sjukpeng eller nekad rätt till personlig assistans. Borgarnas idé om jobbskapande bygger på en urholkad välfärd för att pressa löntagarna att jobba hårt till dåliga villkor och liten lön.

Vi behöver bygga betydligt fler bra, billiga hyresrätter i alla storlekar. Tyskland går för och bygger flerfamiljshus med gammaldags, vacker 1800-talsarkitektur. Kraftigt förbättrade bostads- och barnbidrag behövs så att det blir lättare att föda barn som kan försörja våra äldre. Minska kraftigt ränteavdragen för privatägda hem och subventionera bra, billiga, vackra och estetiskt varierade hyresrätter. Då blir efterfrågan på privatägda hem mindre och dessa också billigare för dem som vill äga sitt eget hem.

Under den rödgröna mandatperioden 2014 – 2018 höjde regeringen skatterna lite grann för dem med löner över 36 000 – 40 000 SEK i månaden. Det fick Sveriges ekonomi att återigen börja gå som tåget. Vi började bygga bostäder igen. Om det finns bostäder åt alla, kan löntagarna flytta dit jobben finns. Men bostadsbyggandet skapar också många arbetstillfällen. Dessa genererar ökad tillväxt när den allmänna köpkraften stärks. Tyvärr svartmålas bilden av Sverige falskeligen av bruna och blåa massmedier.

SFI-undervisningen behöver nå bättre resultat. För detta ändamål måste SFI-lärare och deras elever få bättre ekonomiska resurser. För att få en fungerande integration, behöver vi lära ut den värdegrund vi har i Sverige bättre till våra nya svenskar. Intressant är att både språket och våra värderingar lärde sig invandrarna bäst så länge det fanns jobb på alla nivåer åt alla. Vi behöver återuppbygga offentlig sektor i detta syfte. Det är viktigt att lära ut att för att Sverige ska fortsätta gå bra, då måste alla som kan jobba och lära sig de färdigheter som behövs här. Vare sig en invandrare siktar på ett enkelt jobb eller i synnerhet om hen satsar på ett mer kvalificerat arbete, måste hen lära sig svenska ordentligt. Men arbetsgivarna har också ett ansvar att våga pröva arbetssökande med annorlunda bakgrund. I det mångkulturella Sverige är det naturligtvis viktigt att vi är öppna för och respekterar varandras olikheter. Men det är bara svensk lag som gäller i Sverige.

Låt offentlig sektor bli större i samma takt som den privata marknaden rationaliserar bort folk! En stor offentlig sektor är inte bara bra för sysselsättningen utan även bra för ekonomisk stabilitet i lågkonjunktur. Den lär också upp och rehabiliterar löntagarna vid behov så att de kan arbeta. Offentlig sektor servar inte bara samhället med skola, vård och omsorg. Det allmänna förser näringslivet och samhället med vägar, järnvägar, försvar, rättsväsende, forskning och bostäder så att arbetarna kan flytta till jobben. Det offentliga ger oss lagar som får oss att ta tag i miljöproblemen. Klimatutmaningarna kommer att bli hotfullt dyra även för företagen om vi inte åtgärdar miljöförgiftningen i tid.

Låt den offentliga kultur- och museisektorn växa. Mer digital offentlig kultur och virtuella museiutställningar ligger i tiden och kan vara ett sätt att hålla allmänbildningen uppe även i kriser som Corona-pandemin år 2020.

Äldreomsorgen måste få mer resurser så att den som kan och vill kan få tillräckligt god hemtjänst samtidigt som alla äldre som så behöver snabbt ska kunna få plats på ett bra äldreboende.

Förskolorna är viktiga såväl för barnets utveckling som för föräldrarnas möjligheter till lönearbete och återhämtning. Tyvärr är det svårt för föräldrar som har samma arbetstider som förskolepersonalen att hämta och lämna barnen i tid. De nattarbetande föräldrarna i Sverige har i synnerhet svårt att få sitt behov av förskola täckt. Därför måste det finnas förskolepersonal under alla dygnets timmar.

Bemanna åter offentlig sektor så att den normala arbetsstyrkan också ska kunna klara krisituationer. Den åtstramande personalpolitik som nu gäller bemannar vanligtvis så att det blir stress hela tiden. Då slits personalen ut och klarar inte av verkliga kriser som Corona år 2020. Ge också all offentlig personal marknadsmässiga löner.

Vi behöver överge just-in-time-produktion och återinföra de beredskapslager vi hade före omställningen från ett mer självförsörjande Sverige. Återinför en hög självförsörjningsgrad av mat. Corona 2020 visar att vi inte kan ha en matförsörjning beroende av global just-in-timeleverans.

Vi i Sverige behöver också bli schysstare mot varandra i ljuset av alla problem med nättroll och kränkningar. Mycket dåligt beteende beror på att flertalet arbetsplatser och skolmiljöer är stressiga och underfinansierade. Det är vanskligt med för många detaljlagregleringar av moralen. I grova fall behöver vi lagreglera. Samtidigt begår människan fel av naturen mest hela tiden. Istället måste ekonomisk trygghet, goda arbeten, välfärd och högkvalitativa, billiga och vackra bostäder åt alla vara det som lägger grunden för att vi människor beter oss väl mot varandra.

Subventionera skräddare, skomakare och elreparatörer istället för RUT så att vi kan ha mindre av ett slit- och slängsamhälle.

Facebook, Google och de stora socialt nödvändiga medierna bör tillhöra FN eller regleras av FN. Dessa är nämligen en grundläggande del av det moderna samhället. De måste regleras för att värna om det gemensamma bästa samt frihet, jämlikhet och syskonskap. Oreglerad skapar marknadsekonomin människo- och samhällsfarliga inkomstklyftor. Kapitalismen måste tvingas att ta ansvar för att staten ska kunna säkra miljön, naturen, mänskliga livsvillkor och nödvändig infrastruktur som vägar och järnvägar.

Välfärd, lagom krävande arbeten, respekt, tolerans, en miljövänlig och jämlik ekonomi – kort sagt ett samhälle som vill gott för sina medborgare och hela världen bör vara målet. Men även om vi har många utmaningar, så är enligt många internationella undersökningar Sverige ett av de bästa länderna på jorden att leva i.

Samhället behöver åter ge bidrag till de löntagare som engagerar sig fritidspolitiskt så att inte bara Svenskt Näringsliv får utöva inflytande över samhället.

Det är ytterst samhällsnyttigt att rösta rödgrönt. Om du också orkar engagera dig lite i politiken eller om du vågar prata på fritiden och på din arbetsplats om aktuella samhällsfrågor så hjälper detta jättemycket för att skapa ett gott Sverige och en underbar värld att leva i.

Saker jag lärt mig om livet

Livet är klurigt

I denna bok har jag hittills försökt ge en allsidig introduktion till och vissa djupdykningar i politiken och samhällsutvecklingen sedan slutet av 1970-talet till idag.

Livet består emellertid inte bara av frågor och utmaningar på en samhällsnivå. Vi ställs också inför många, personliga utmaningar och svårigheter, ofta kopplade till det som händer i samhället och arbetslivet. Jag vill i denna självhjälpsdel av «Överlevnad – för samhället och människorna» dela mina tankar om och erfarenheter av livet och sådant jag lärt mig i terapi och självhjälpsböcker om hur man kan ta sig fram i tillvaron.

Tankarna jag framför i dessa följande kapitel fram till slutet av boken är inte nödvändigtvis akademiskt vetenskapliga. Jag grundar dem på vad jag lärt mig genom livet, av att komma tillbaka från en kraftig stressreaktion, av all terapi jag gått i och allt jag läst om självhjälp och populärpsykologi. Använd ditt eget omdöme för att fundera över om mina idéer kan fungera för dig med. Garantier saknas.

Lyckoforskning säger ofta, ända sedan antikens dagar, att lycka handlar om att maximera långsiktig nytta och njutning för sig och andra och att undvika att skada eller tvinga sig själv eller andra till något vi inte vill.

100 chokladkakor om dagen eller gå till jobbet, motionera lagom på fritiden och äta lite lördagsgodis någon gång i veckan?

Lycka är både komplicerat och okomplicerat. När du är stressad eller ekonomiskt pressad, kan det vara ytterst svårt att orka välja med det sunda bondförnuftet, vad nu detta är.

Vad ska man välja om man som bilförare i en otäck trafiksituation tvingas välja mellan att döda tio okända, sjuka människor eller sin egen femåriga dotter?

Ska man välja flygresa varje år och hämta kraft efter arbetsåret bland avlägsna palmer eller välja något som inte sätter eld på klimatet lika mycket?

Jag lika lite som någon annan sitter inne med den slutgiltiga sanningen om alla etiska lyckoval.

Jag hoppas dock att denna bok kommer ge dig lite tankar om hur du kan hanka dig fram lagom bekvämt och effektivt genom livet.

Att kämpa på trots svackor

Ekonomiprofessorn Micael Dahlén har upptäckt att för dem som har de nio saker som vi förknippar mest med lycka, så tenderar lyckoperioder i livet ändå inte att vara längre än tre månader. Dessa nio saker är sådant som många, särskilt i Sverige och den rika världen, ofta har: Familj och vänner, Hälsa, En meningsfull sysselsättning, Resor, Prestationer, Utveckling, Pengar, Boende och Materiella Saker. Lyckan varar inte längre ens för rika som har väldigt mycket av alla dessa nio.[90]

Jag tror det finns olika anledningar. Vi kan bli lyckligare om vi inte förväntar oss evig lycka och inte får panik om vi är lite deppiga då och då. (Säger jag som blir jättenervös så fort jag inte är lycklig! Men jag kämpar med att acceptera även sådana stunder.) Sedan är mycket i livet, som Buddha sade, lidande. För mig är lidande allt som väcker psykisk eller fysisk smärta. Till exempel så skall ju allt gott och vi också förgås en dag. Allt levande måste också lida eller skadas då och då fram till dess. Men om man accepterar denna pessimistiska grundförutsättning i livet, så kan man börja se allt det positiva.

Vissa som har väldigt lätt för lycka nöjer sig med det lilla i livet. Ofta är dock olycka på sätt och vis vår drivkraft. Den får oss att hitta de små och stora saker som vi hoppas ska göra oss lyckliga. När en situation inte tillfredsställer oss, försöker vi att hitta en ny som gör det. Det finns en risk att vi med det senare sättet blir väldigt svårtillfredsställda. Denna tendens försöker reklamen att förstärka i oss, så att vi ständigt arbetar mer för att köpa fler saker och tjänster.

Men det finns ett lagom-uttryck på engelska som lyder *happily dissatisfied* («lyckligt otillfredsställd»). Då sätter man sin lycka i att man strävar framåt samtidigt som man försöker nöja sig med det stora i det lilla. Man sätter sig inte ner och ger upp alla mål i livet heller, men tar det lugnt och njuter av livet också. Här ingår att finna en balans mellan vilka arbeten, vilka typer av ansträngningar, hur mycket vila och vilken konsumtionsnivå som passar en själv bäst.

En viktig del av lycka är att ha kämpaglöd eller *grit* som psykologiforskaren Angela Duckworth kallar det. Det handlar om att till slut alltid resa sig upp igen och fortsätta mot målen i ens liv varje gång man faller. Lyckokänslor är ju rätt så kortvariga. *Grit* är en särskiljande faktor som avgör vilka barn som slutligen lyckas i skolan eller inte. «Grit handlar om att hitta sin passion i livet, ringa in sitt personliga skäl till att fortsätta framåt, aldrig sluta öva och att se varje misslyckande som ett tillfälle att lära.»[91]

Jag skulle säga att alla som fortfarande lever har *grit*. Livet handlar om att kämpa och då får vi vara nöjda så länge som vi kämpar på.

Som jag skall säga mer om senare så är regelbunden vila också av största vikt. Vilar vi tillräckligt, så blir det mesta i livet högst njutbart. Är man stressad under dagen, kan man ta en powernap på 20–30 min och känna sig som ny igen. God nattsömn är oerhört viktigt. Men en natts sömnproblem är inget problem. Varar sömnsvårigheterna längre finns det bra medicinsk hjälp att få. Själv ersatte jag sömntabletter med två kiwifrukter en timma före sänggående. Många experter och min erfarenhet säger att kiwifrukten är naturens eget sömnmedel.[92]

Att skriva ned minst tre saker du är tacksam över för hand innan du somnar varje kväll skall enligt vetenskapen omforma hjärnan till att bli mer lycklig och harmonisk. Det har hjälpt mig i varje fall.

Sök glädjen i livets regnbåge

«Hångla mer! – En bok om att ge sig hän» av Klas Hallberg handlar om att få ut det mesta av glädjen i livet. Ett tag blev jag sur på författaren när han klagade på att gästerna på Siljan-båten dansade på discogolvet utan att verka ha så roligt. Då kändes boken som en nyliberal smörja som försökte dölja samhällets orättvisor bakom en falsk idé om att allt löser sig om vi lyfter oss själva i håret.

Men bokens grundtanke är att livet ofrånkomligen är komplicerat med mycket existentiell ångest vad vi än gör. Men om vi kämpar på, bryter ihop, käkar pizza, dansar frigörande dans, accepterar att vi alla tror att vi är de enda med skuld trots att vi alla har skuld, att vi alla är vilse i livet utan karta och via omvägar lär oss det mest triviala alldeles försent och att det är så det ska vara så blir livet mer hanterbart. Kort sagt, livet är ett mischmasch av ups and downs, men om vi ger oss hän på alla sätt och försöker lyssna in oss själva och vår nästa, kan det bli en otrolig upplevelse.[93]

Många behöver säkert som jag bygga upp sin livsgnista på morgonen eller någon annan gång på dagen igen. Det är såväl okej som naturligt att alla sorters känslor far genom kroppen. Kan man acceptera dem alla men försöka att endast agera på de positiva så blir livet enklare. Sedan gör alla misstag.

Ingen av oss vet hur livet ska levas, men ge dig hän ändå så finner du ofta att tillvaron är en regnbåge och inte en gråskala eller något svartvitt.

Misstag kan leda till framgång

Vetenskapen visar att slumpen utövar ett oerhört stort inflytande över våra liv. Jag tror ändå det lönar sig att försöka göra det bästa av sitt liv. Men vi behöver inte slå på oss om vi inte lyckas eller anstränga oss för hårt mot ett mål. Slumpen vill kanske något annat?[94]

«Jag har missat mer än 9000 skott i min karriär. Jag har förlorat nästan 300 matcher. 26 gånger fick jag skjuta matchbollen och missade. Jag har misslyckats om och om igen i mitt liv. Och det är därför jag lyckas. « (- Michael Jordan, en av historiens bästa basketbollspelare)[95]

Det ovanstående uttalandet är verkligen sant. Jag vet att jag och många av mina vänner har gått miste om många möjligheter genom att inte våga ta risken att misslyckas. Rädslan för att misslyckas kan göra att du överarbetar en uppsats eller en rapport och lämnar in den för sent. Rädslan för att misslyckas kan göra att du inte får vara med om fester eller trevliga äventyr.

Många människor som fruktar att misslyckas tänker: Vad skulle hända om en katastrof inträffar? Men det värsta som kan hända kommer att hända med allt och alla. Vi alla kommer att lida fysisk och psykisk smärta och oundvikligen döden. Vi kan heller inte undvika att orsaka andra skador hur väl vi än försöker leva. Vill vi ha någon fordonstrafik överhuvudtaget, så kommer några oundvikligen att dö eller skadas i den trafiken. Så njut av livet medan du kan eller omfamna åtminstone dina oundvikliga katastrofer.

Det är först i mitten av tjugoårsåldern som hjärnan enligt forskningen blir fullmogen. Dessutom lär sig hjärnan vad som fungerar och inte fungerar genom att utvärdera misslyckanden. Det som gör det svårare är att en regel som gällde en gång, inte nödvändigtvis gäller nästa gång ett liknande scenario inträffar i livet. Sedan beter vi oss sämre när vi är stressade. Våra hjärnor fungerar också sämre då vi har ont om pengar och andra resurser. När vi blir äldre får vi fler sjukdomar och hjärnförmågorna sjunker för de flesta. De enda förmågor som kan öka i åldrar över 55 år tycks vara ordförråd och mängden tillägnad kunskap. Förutsatt att vi ägnar tid och möda åt sådant som gynnar ordförråd och kunskapsinhämtning förstås. Så att förvänta sig att aldrig misslyckas under livet, är att begära alldeles för mycket av sig själv.[96]

Ofta gör människor som begår misstag eller har brister, att vi känner igen våra egna brister i dem och får oss att skratta igenkännande. Och skratt som ett resultat av en handling, är inte det ett tecken på framgång?

Om du håller en middagsfest kan för mycket fokus på att få allt perfekt göra tillställningen så kontrollerad att gästerna inte trivs så bra. Om du är omtänksam och har en positiv inställning kan en påse med chips vara roligare för dina gäster än en ansträngd, finare sammankomst.

Det är när du riskerar att misslyckas, som du kan komma på nya tankar och idéer. Gårdagens fel är ofta morgondagens lösningar.

Jag vågade inte gå klart juristutbildningen, för jag trodde inte att jag skulle få högsta betyg rätt igenom. Jag läste journalistik istället. Kanske var det bra, eftersom jag älskar journalistiskt skrivande så mycket. Men om jag verkligen velat bli advokat skulle det ha varit ett misstag.

Meningen med livet är inte att leva felfritt. Det kan ingen. Vi experimenterar oss alla fram i livet. «Livet förstås baklänges, men levs framlänges» som den danske filosofen Søren Kierkegaard sade. Huvudsaken är väl att vi lär oss av våra erfarenheter. Sedan kommer vi att välja ömsom rätt, ömsom fel till vår sista stund. Försök att visa förståelse mot såväl andra som dig själv.

Ett misslyckande är bara en subjektiv värdering av en situation. Försök att titta på saker positivt. Det finns ingen bok som skrivs av Verkligheten själv med de rätta svaren på hur man ska leva livet.[97] Om du kan acceptera svaret nej, är dina möjligheter oerhört många, på gränsen till det oändliga.

Men det är inte bara anställda, studenter och andra individer som har allt att vinna genom att våga misslyckas. Det är av största vikt att samhällen, företag och organisationer, vars medlemmar är vanliga människor, tillåter sina medlemmar att misslyckas utan att förlora sitt jobb eller sin sociala trygghet direkt. Nya innovationer kommer av misslyckande efter misslyckande.[11] Och det är genom innovationer som morgondagens stora företag kommer att frodas.

Min erfarenhet säger att ytterst få, om ens någon, kan gå den raka vägen genom livet. Om vi kan acceptera att misstag är en ofrånkomlig del av livet, kan vi lära oss det jag börjar lära mig, att det ger mer tillfredsställelse att ha gått en krokig väg mot målet än tvärtom. Den raka vägen kräver att du undertrycker din personlighet. Detta ger ofta mycket negativa känslor vilket ökar din benägenhet att begå misstag. Bortsett från det tror jag inte att den raka vägen är möjlig. Vi människor tenderar att bli upproriska när kraven på likriktning ökar.

Vår problemlösningsförmåga är ju också som störst när vi är ytterst avslappnade, ofokuserade, tanklösa, lekfulla och lyckliga. Så slappna av, så kommer fler konstruktiva lösningar att komma till dig.[98]

Precis som jag kommer du göra misstag då och då, men jag är övertygad om att vi alla ändå gör så gott vi kan.

Omfamna dina misslyckanden! Lär dig av dem och försök, försök och försök igen! Det är nyckeln till att suga märgen ur livet och uppnå framgång!

Du är friare än du tror

Verkligheten har som sagt inget facit över hur allt måste vara.[99] Därför kan du strunta i trender om du inte vill följa dem. Trender är ofta fördummande och pressar in oss i köp- och prestationsmodemönster. Dessutom kan trender göra det svårare att ta till sig vetenskap som oftare bygger på att mycket är möjligt och lite är nödvändigt.

Hur vill du leva ditt liv? Vilka vill du umgås med? Vad vill du hitta på på jobbet och fritiden? Vilka kläder vill du bära? Vad vill du prata om? Vad gör dig lycklig? Det mesta är upp till dig att bestämma så länge som du respekterar andras fria vilja över sig själva.

Lycka handlar ofta om att minimera onödiga måsten och att se möjligheter till lycka i vardagen.[100] Hoppa i en vattenpöl? Skämta med en kollega eller bussgranne? Säg något vänligt till en medmänniska och så ler kanske denna tillbaka?

Om vi tänker efter, så brukar de flesta saker inte vara måsten utan alternativ vi väljer. Enligt en extrem tolkning är det enda vi egentligen behöver göra, om vi vill leva, att andas.

Sedan finns inte perfektion. För det första kommer perfekt av ett latinskt ord för avslutad. Avslutade är vi först när vi dör och det längtar vi väl inte efter?

För det andra finns det som sagt inte något Verklighetens facit.

För det tredje gör folk oftast dumheter varje dag. Och på det samhälleliga planet är problem många gånger omöjliga att undvika som jag nämnt i fallet med fordonstrafik. Nu ska man följa lagen, men det kan vara en tröst i olyckan att på det samhälleliga och globala planet är vi alla kollektivt skyldiga till allt ont. Ingen är bättre än någon annan, men vi får alla resa oss upp och göra det bästa vi kan i fortsättningen efter vår senaste fadäs.

För det fjärde brukar snälla människor inte döma andra så

hårt. Försök att inte döma dig själv heller för hårt utan var snäll mot dig själv. Den enda person som alltid kommer vara vid din sida är du själv. Så försök ha trevligt då det går och förlåt dig själv för de andra gångerna. När du tänker efter kan ingen leva ett liv utan vare sig moraliska eller andra misstag. Världens historia och även din bekantskapskrets är garanterat full av andra perfekt operfekta människor precis som dig själv. Du är varken bättre eller sämre än vi andra.

Det enda vi kan göra är att försöka göra så gott vi kan i fortsättningen.

Acceptans i vardagen

Medkänsla med sig själv och andra

Samhället har länge varit intresserat av att vi jämt ska springa snabbare och bara stärka våra bra sidor. Men lycka och förmåga till att handla gott bygger på att vi tröstande och utan självkritik kan vara med oss själva och varandra i det som gör ont i livet. I Compassionfokuserad terapi (CFT) försöker behandlaren att hjälpa patienten att utveckla en inre trygghet och stödjande röst.

Enligt CFT-teorin har vi en yngre och mer utvecklad och en äldre, mer primitiv hjärna. Den äldre ställer ofta till med problem för oss. CFT kan lära oss att använda vår mer moderna del av hjärnan till att få den primitiva, äldre delen av hjärnan att känna sig lugn och trygg.

CFT lär att vi människor har tre känslosystem vi ofta rör oss mellan. Det ena är hotsystemet, det andra det utforskande eller prestationssystemet och den tredje är trygghetssystemet.

Hotsystemet handlar bl.a. om inre och yttre kritik mot oss själva, att vi känner oss hotade av omgivningen eller andra negativa känslor som skuld, skam och ångest.

Prestationssystemet handlar om fokus på att leverera, utforska och bli belönade. I lagom mån är den bra men kan vid överdrift leda till arbetsnarkomani, missbruksberoende, överdrivet tittande på sociala medier eller för mycket datorspel. I vårt prestationssystem jämför vi oss med andra. Det kan göra att vi mår dåligt om vi hela tiden värderar oss, för det kan ge oss en känsla av att vi aldrig är tillräckligt bra eller att vi bara tycker om oss själva om vi lyckats med något och känner oss bättre än andra. Streamingtjänster, datorer och smartphones är å sin sida konstruerade så att vi skall vilja använda dem så mycket som möjligt. Belönings- eller prestationsöverdrifter gör oss trötta i huvudet.

Det tredje systemet är trygghetssystemet och där känner vi förnöjsamhet och trygg gemenskap med andra även när vi ibland är ensamma. Det är vårt system för läkande, lugn och ro.

CFT lär patienten att identifiera när hen t.ex. hamnar i hotsystemet eller blir stressad av för mycket prestationskrav och vad hen då kan göra för att gå tillbaka till trygghetssystemet. Ett sätt att lämna prestationssystemet är att tänka på något som får en att må bra en stund och stilla sinnet lite.

Det positiva med CFT är att fokus inte är att förbättra patienten utan att få hen att lära sig hålla om, trösta och acceptera sig själv i befintligt skick t.ex. vid känslor av misslyckande eller hopplöshet. Men förändring är inte huvudfokus utan att skapa en trygg, medkännande och icke-dömande acceptans och en känsla av gemenskap med andra i att vi alla behöver trygghet och förståelse. CFT lär oss att leva med målsättningen att göra gott mot oss själva och andra och att förlåta oss och andra när det blir fel ibland.[101]

Festina lente

Eller «skynda långsamt» som dessa ord på latin översätts till på svenska är en god princip. Det finns mycket vi behöver för såväl psykiskt som fysiskt välmående enligt Maslows behovstrappa.

Denna behovshierarki eller behovstrappa är en teori inom psykologin som den amerikanske psykologen Abraham H. Maslow lade fram 1943 om hur människors välmående beror på hur de prioriterar sina behov.

De fem behoven är enligt Maslow:

1. Det första behovet, med kroppsliga och fysiska behov, är det mest fundamentala med behov som hunger, törst, sömn och sex. Dessa ursprungliga behov är grunden för hur vi människor motiverar oss själva. Sedan finns så klart individuella variationer som är biologiska, inlärda eller beroende på situationen. Om vi inte börjar med att tillfredsställa dessa behov, kan vi få sjukdomar, irritation, smärta, obehag. Därför börjar vi människor normalt sett med att tillgodose dessa behov.

2. Trygghetsbehoven, även kallade säkerhetsbehov, syftar på vårt behov av skydd från fysiskt och psykiskt våld, brottslighet och annat.

3. Behov av kärlek motsvarar våra mellanmänskliga behov. Dessa är ett vidare begrepp än bara parkärlek. Det handlar om mänsklig närkontakt till exempel med familj och vänner. Människan är ett flockdjur så även om vi kan bo ensamma, har vi behov av ett visst socialt erkännande för att inte må dåligt.

De tre första av behoven anses vara bristbehov. De är nödvändiga för människans välmående och motivation. De återstående rör istället självförverkligande:

4. Självhävdelsebehoven handlar bland annat om att människor har behov av självrespekt och respekt från andra.

5. Det sista utgörs av det mänskliga behovet av personlig utveckling och möjlighet att göra det bästa av sig själv.»[102]

Dessa självförverkligande behov tillfredsställs om vi får utveckla våra kunskaper och livsmöjligheter fritt.

Men hela trappan rasar lätt som ett korthus om vi skyndar fram för stressat utan tillräcklig återhämtning för att uppnå ro.

När vi stressar för mycket fattar vi ofta kortsiktiga beslut som att skära upp köttet till maten för oförsiktigt och kan då skada oss. När vi stressar, äter vi lätt för mycket choklad och annat onyttigt och kan uppfatta våra medmänniskor som hot.

Begränsa dina utgifter

Du vet bäst vad som gör dig lycklig. Men för att göra dig lycklig, behöver du vara fri att göra detta. Vänjer du dig vid att spendera för mycket, måste du tjäna din arbetsgivare mer och hårdare för att få ihop mer pengar att konsumera för. Men i dagens Sverige är det bästa i livet gratis eller nästintill. Musik och film/TV kostar väldigt lite per månad för den som använder streamingtjänster. Film/TV, böcker, tidningar och musik finns också gratis på de offentliga biblioteken. Hemmafester är enligt min erfarenhet billigare och mer socialt givande än att gå ut på lokal. På lokal är det svårt att prata på grund av ljudnivån och folk är mer spända när de möter främlingar.

Många filosofer vittnar dock om att det finns stor kunskap och sinnesfrid att finna genom att i perioder dra sig undan från världens larm och även infotainment. Information som film/TV, musik och text är underhållning men bär också på ett budskap som vill forma dig efter ett mål. *Information* är latin för informning.

Att njuta av yttre tystnad då och då kan vara ett sätt att finna vad som betyder något för en själv i ens hjärta bortom all yttre påverkan.

Mycket av det som säljs har Kapitalet fått oss att eftertrakta genom att först få oss att känna oss odugliga. Är vi stolta över oss själva som vi är, behöver vi inte sprit, skönhetsprodukter, snabba bilar eller dyrt mode på samma sätt.

En som jobbat mindre och är utvilad i en enkel lägenhet hemma i Svedala är kanske lyckligare än den som jobbat ihjäl sig för sin fjärde solresa det året.

Mycket kläder finns att få i secondhandbutiker eller lika snyggt i olika lågpriskedjor som i märkesbutiker.

Fundera över vad du verkligen behöver och köp inte för mycket så blir du friare att skynda långsamt, reflektera i stillhet och vila. Dessa tre saker betyder ofta mer för lyckan än det mesta krimskrams.

Vill du ändå konsumera, lär dig då om aktier. Det är en kul shopping som förhoppningsvis får dina pengar att växa och även kan ge återkommande utdelning om pengarna investeras vist. Visst är aktier en risk, men mycket dyra produkter vi köper är egentligen utan värde snart efter köpet. Bilar förlorar ju tiotusentals kronor i värde bara bilen rullar ut från bilförsäljarens lokaler. Nästan varje köp medför en risk att förlora pengar.[103]

Att regelbundet ge något om än aldrig så litet till välgörenhet gör att du bidrar till en bättre värld och att du lättare slipper dåligt samvete när katastrofer händer.

Filosofen Diogenes levde på antiken i en tunna på stranden för att inte behöva tjäna någon herre. Storkonungen Alexander den Store av Makedonien blev imponerad och sökte upp Diogenes vid hans tunna för att erbjuda den vise mannen vadhelst han önskade. Då svarade Diogenes: Kan du flytta dig, du skymmer solen.

Att vara så oberoende av omvärlden är en extrem väg att gå för att nå frihet. Men omvärlden kan du aldrig kontrollera. Den lycka som grundats på sådant du inte kan kontrollera kommer till slut att ryckas ifrån dig. Det enda du äger är dig själv, din moral och dina handlingar. Fundera över hur mycket frihet respektive konsumtion som gör dig lycklig!

Att vara för sig själv

Engelskan gör likt många språk, men till skillnad från svenskan, åtskillnad på någon som är *alone* (endast i sitt eget sällskap) eller *lonely* (endast i sitt eget sällskap och lider av bristen på umgänge).[104] Jag tror med alla intryck som far omkring från media, staten och kapitalet om att vi skall ändra på oss, arbeta hårdare, konsumera mer eller vara självkritiska, så behöver vi vara för oss själva med så få sinnesintryck som möjligt då och då.

När jag arbetade på museet som gav mig en stressreaktion, förlorade jag gradvis kontakten med mina egna inre värderingar och tankar. Men när man är för sig själv ett tag, faller omvärldens dimridåer bort, den ena efter den andra.

Att älska sig själv är nödvändigt inte bara för att älska andra utan också för att kunna njuta av ensamhet. Det är när du är för dig själv som du får läsa vilka böcker eller se vilken film du vill. Det är då du kan skriva på din stora bok, skapa ett konstverk eller öva in ett musikstycke.

För mycket ensamhet är inte heller bra. Då kan omvärlden till slut verka hotfull på många sätt. Många som utvecklar psykisk ohälsa gör det efter en längre period av ofrivillig ensamhet på grund av sjukdom eller arbetslöshet.

I början kan det vara hotfullt att möta sitt ensamma jag, men till slut inser man ju att ens eget jag är en rätt hygglig typ med misstag och framgångar i bagaget precis som alla andra. Den som lär sig att acceptera tillgångarna och tillkortakommandena hos sig själv i ensamhet har oftast lättare för att acceptera att vi alla är som vi är precis som hen själv.

När du är för dig själv, kommer du sannolikt att upptäcka att ditt jag i sin helhet är kaotiskt. Du tänker såväl de ljusaste som de hemskaste tankar huller om buller. En grund för lycka är att leka med vårt inre och roas av eller acceptera vad det än hittar på. Vi har en spärr för vårt agerande med omvärlden eftersom det kan ge konsekvenser. Vi har kanske av motsatt anledning ingen spärr för vårt inre. Förbjuder du en tanke för ditt inre, kan ingen annan tanke vara mer intressant för det. Lek med dina inre påhitt och kom ihåg att vi har alla ett lekfullt inre att hantera. Du kan inte leva ut eller får inte leva ut alla tankar, men du får tänka precis alla tankar. Kanske är tankarna vår ventil för att leva ut allt som vi inte kan och/eller vill leva ut i verkligheten. Ju vänligare och tolerantare du är mot ditt inre, desto lyckligare och fridfullare blir du så länge du inte har lycka eller fridfullhet som ett mål. Upplever ditt inre lycka som ett krav, blir det lätt prestationsstressat. En grundmaxim att leva efter är kanske «Qui vivra, verra.» (Den som lever får se.)

Kan du acceptera och finna lycka i dig själv behöver du inte få lyckan från omvärlden. Det senare kan du egentligen ändå inte få. Hela universum och alla andra människor uppfattar du som subjektiva tolkningar i ditt eget huvud. Huruvida du uppfattar omvärlden och andra människor som trevliga och positiva beror i hög utsträckning på hur du mår i och älskar dig själv.

Du ska leva med dig själv ända tills du dör, så försök att vara din egen bästa vän, beundra dig själv för hur du tappert möter allt motstånd så gott du kan och för alla gånger du lyckats med så mycket. Älska dig själv för att när du gör misstag, så reser du dig till slut igen. Och om det inte är bra än så är det för att du bara väntar på att resa dig igen.

Humor enbart i mina tankar känns annorlunda än när jag skämtar i andras sällskap. Jag får ofta bara den första delen av ett skämt i huvudet. Första delen av ett skämt är inte alltid ljust. Det är andras skratt som gör det ljust. Om du inte skrattar åt dina egna skämt, så är det lugnt. Kom bara ihåg att vissa knäppa tankar kan till exempel vara första delen av ett skämt som skulle ha blivit kul i andras sällskap följt av dessas skratt.

Ett faktum är att gör vi skrattljud även om ingen skämtar eller vi är för oss själv, uppfattar hjärnan detta som att vi faktiskt har något att skratta åt och sänder ut glädje- och välmåendehormoner. Så är du ledsen någon gång, skratta för dig själv några minuter så kanske du blir lite lättare till sinnes.

Om du inte gillar en tanke, säg bara till dig själv: «Ja, du var också en tanke, men nu släpper jag dig.»

Slå inte på udda tankar för då blir de värre, utan släpp dem bara vänligt vidare och sök din inre stillhet bortom alla tankar och idéer. Du är inte dina tankar. Vem du är vet jag inte, men du är inte alla tankar som dyker upp utan troligen någon form av vänlig och/eller humoristisk rationalitet som kan välja det rätta om du inte kontrollerar dig för hårt. Vi har alla en sådan inre stillhet.

Vår inre frid kan vi nå genom mindfulness som jag berättar om på ett annat ställe i boken. Ett knep att nå sin inre stillhet är att bara acceptera alla tankar som dyker upp och låta dem passera utan att agera på dem.

För den som kan njuta av sitt eget sällskap uppstår en värld av möjligheter. Du kan resa, gå på bio, teater, museum, konstutställningar, kaféer, restauranger och mycket, mycket annat utan att behöva ha någon annan med dig. Ofta när man är själv och vänligt tar initiativ till eller är öppen för möten, så kan man lära känna många andra, trevliga nya människor.

Det stora i det lilla

Se möjligheterna i var dag att göra något kul. Livet är utmanande som ni sett att det också varit för mig. När min finmotorik utmanade mig i barndomens cowboylekar hittade jag på nya regler som gjorde att jag passade in. Jag tog initiativ inte bara till allmän matematik utan också till att börja fäktas florett och värja trots att jag var så dålig på gymnastik.

Mina föräldrar tog med mig på en hel del resor men inte så många som många rikemansbarn i Askim hade råd till. Istället hade jag tryggheten hos mamma och mormor. Vi, liksom också jag och pappa, gjorde utflykter, hade filmkvällar, läste böcker och gick på Liseberg, teater och museum.

Många idag har inte råd till ens detta, men man kan göra något i det lilla. Jag brukar duka fram frukosten mysigt på helgerna och njuter av den i lugn och ro. Ibland fotograferar jag den för sociala medier. Mina gillanden på dessa sajter gör mig glad även om andra får många fler.

Faktum är att hjärnforskning visar att när vi har lagom låga förväntningar, ökar vår tillfredsställelse med livet. Vi blir mer besvikna av att en förhoppning inte infrias, än om våra låga förväntningar visar sig stämma. Har vi lagom låga förväntningar, kan vi däremot bli väldigt glada när de överträffas.[105] Så att inte hoppas på för mycket, men fortsätta sträva framåt torde väl vara en bra strategi på jobbet, i samhällsengagemang och på fritiden.

Musik och film/TV har som sagt blivit mycket billigare än i min barndom. Det sägs att vissa delar streamingkonton med personer de litar på. Läs många böcker, tidningar och tidskrifter i alla ämnen och särskilt dina intresseområden. Ofta finns lösningar på de flesta problem och många möjligheter därute.

Mycket av det bästa i livet är gratis eller billigt som sömn, hemlagad mat, att sköta sin dagliga hygien, sex/onani, romantik eller att skoja och filosofera med en kompis eller släkting. Har jag nyss gjort något av eller allt i detta stycke, frågar jag mer sällan efter meningen med livet.

Det är bra att vara försiktig men var inte rädd för allt. Att tänja lagom på gränserna lär en att mycket är möjligt utan risk. Man behöver inte syssla med extremsporter, men att våga kontakta nya människor kan vara en källa till oanad rikedom.

Fri och äkta vänlighet ger inte bara trevligare umgänge

utan kan också vara ett sätt att göra karriär på. Var tolerant och undvik att döma vare sig dig själv eller andra så kommer livet kännas mycket ljusare och många nya dörrar öppnas.

Undvik att kalla svåra saker som händer i livet för lidande. Då kan de ofta vara rätt okej som den romersk-grekiske filosofen och slaven Epiktetos lärde. Enligt honom ska du bara konstatera vad som hänt dig, till exempel ett benbrott eller att du förlagt något och sedan försöka släppa det inträffade. Detta kan vara en olämplig metod vid utmaningar som farliga sjukdomar, men ofta dömer vi saker som en lördagskväll utan sällskap eller en trist kurs som lidande alltför lätt. Kanalisera din ångest – som är energi – i konstnärlig kreativitet, eller genom att jobba hårdare, träna eller läsa mera. Gör vad positivt du kan eller ta en tupplur vid behov, så blir livet ofta snart bättre.

Gud är ofta en tröst för mig. Endast Gud är helt god enligt kristendomen, men i var och en av oss andra finns det alltid något som är gott och förtjänar kärlek och förlåtelse. Att älska Gud/livet/naturen och att i stort älska sin nästa och sig själv lika mycket och någorlunda följa Tio Guds bud och särskilt att inte utöva våld, stöld, osanning eller otrohet räcker långt. Men ingen är perfekt. Kanske kan Gud eller dessa kristendomens bud guida även dig när livet är lurigt. Alla är ju inte kristna, men jag tror att andemeningen om kärleksfullhet, tolerans, ödmjukhet och solidaritet kan hjälpa många oavsett religion eller om du är ateist. Liknande bud finns ju i de flesta religioner.

Ha bra vanor som grund i tillvaron men lämna utrymmen för spontana kul infall varje dag som att hälsa vänligt på en främling utan att förvänta dig något.

Var vänlig men bestämd när du vill få din vilja igenom. Ilska löser inget.

Umgänge med bra människor är betydelsefullt för vårt välmående, för hur kul vi har och för vår personliga utveckling.

Umgås med människor du gillar att samtala med. Samtal kan behandla och lösa problem och leda till skratt, nöje och mening

Fester är ett urgammalt sätt att umgås med andra människor. Håll en fest eller gå på en kompis fest. Håller du en fest, räcker det att du städar lite, bjuder på lite snacks och ber folk ta med sig egen dricka och snacks. Vill du satsa mer avancerat kan du köpa lite extra snacks och ingredienser till en bål på stormarknader och Systembolaget. Det behöver inte bli så dyrt. Men det gäller att bjuda in några veckor i förväg, då många ofta lever väldigt uppbokade liv.

Om du går på en kompis fest, är det viktigt att göra kul och vänliga saker så att du och de andra får mer ut av festen. En tuff attityd ställer oftast bara till det för en själv. Risken att skada sitt anseende är stor om du inte månar om att vara snäll. Vänlighet och ansvar ger ökad frihet. Var dig själv på ditt eget trevliga vis. Forskning visar att människor som verkligen försöker agera vänligt mot sin omvärld och förväntar sig samma bemötande från sina medmänniskor oftare blir lyckligare. Vi mår bra när vi kan agera vänligt, men får acceptera att vi alla felar ibland.[106]

Förlåt dig själv och andra vid behov men gå vidare från vanor du mår dåligt av och människor som är alltför destruktiva – utan att du fördenskull ska säga upp relationer för lätt. Det kan vara svårt att hitta någon ny bra relation även om det bara rör sig om vänskap. Men beter sig någon illa mot dig eller dina andra vänner under tillräckligt lång tid, kan det vara värt att överväga att avsluta den relationen.

Våga pröva nytt i livet. Vårt inre mår väldigt bra av variation. Var din egen bästa vän. Andra bryr sig oftast inte om våra misstag så mycket som vi själva. Var snäll mot dig i ditt huvud. Du måste ändå stå ut med dig så länge du lever. Follow the rules but not too much. Regler ska tjäna oss och omgivningen, inte knäcka oss. Alla gör misstag. De framgångsrika har ofta bara gjort fler.

Odla ditt unika jag

Ju mer spontanitet och inte bara rutiner vi har i livet, desto mer uppskattar och minns vi vårt liv. Det finns en anledning till att ju äldre vi blir desto mer upplever vi det som om livet bara svischar förbi allt snabbare. Det beror på att ju mer rutiner vi har, desto mer packar hjärnan samman liknande minnen i klumpar för att spara minne och energi. De sammanpackade minnena blir dessutom ofta fler om vi lever liv präglade av arbete, familj och liknande. Men om vi gör avstickare då och då från våra rutiner, så minns vi livet mera i detalj och lever det mindre i fast forward.[107] Detta bekräftas ju av den antika sentensen *Variatio delectat.* (Ombyte förnöjer). Kanske känns det som om barndomen varar längre än vuxenlivet och kanske skrattar barn så mycket därför att för barn har allt nyhetens och därmed också variationens behag?

Troligen är det svårt att leva ett gott liv väldigt fritt från rutiner. Vi kan glädjas åt om livet går fort då detta antagligen tyder på att vi har ett liv med goda vanor.

Kan vi återskapa nyhetens behag i livet varje dag genom att ibland avvika från mönstren i livet och samhället? Kan vi hälsa på bussgrannen? Kan vi skämta med någon kollega, vän eller partner? Kan man hoppa i en vattenpöl och skratta fast man har en svart Filippa K-rock på sig?

Fri och äkta vänlighet och respekt för ett potentiellt nej öppnar oerhört många dörrar. Det betyder att du har större möjligheter att vara på ditt sätt om du är vänlig.

Vad är exempel på frihet och äkta vänlighet? Du kan klä dig i rosa skjorta även om du är man. Du kan bära Palestinasjal även om du är höger. Du kan be om ursäkt, gråta eller be om hjälp även om du känner behov av att vara en stark man. Du kan såväl raka dig på kroppen som inte om du är en feministisk kvinna. Du kan hälsa på den intressanta främlingen eller grannen om du respekterar om de inte vill prata. Du kan klä dig i motsatta könets kläder oavsett om du är transvestit eller ej. Det sistnämnda väcker kanske lite förvirring, men om du kan stå ut med det så kör på. Du kan baka lussekatter på sommaren. Du kan vara hårdför som kvinna. Du kan gå på motorcykelshow som kultursnobb. Du kan gå på opera som medlem i motorcykelklubb.

Sedan berättar en artikel i Business Insider att en hobby – vare sig det gäller att sticka, måla, lära sig språk eller läsa böcker – gör att du mår bättre psykiskt och eventuellt kan det vara bra för din karriär också. Samhällets ledare har nämligen ofta en hobby, men detta kan ju eventuellt bero på att de har mer fritid också? Hobbies trimmar i alla fall hjärnan och/eller kroppen på ett lekfullt sätt. Detta kan också ge dig fler vänner. Antingen kan du återuppta sådana intressen du odlade som ung eller fundera på vad som är besläktat med det du gillar idag eller gör på arbetet.[108]

Möjligheterna är gigantiska. Huvudsaken är att du visar respekt för andras fria vilja och inte heller kränker någon.

Träning och kost

Jag likt många andra kämpar med balansen mellan att leva sunt och att unna sig lite extra då och då. I perioder av stress eller nedstämdhet är det dock min erfarenhet att det lilla extra lätt tar över vardagen och kilona blir fler och fler. Då gäller det att älska sig själv extra mycket och försöka att få rätsida på insidan, jobbstress och annat.

Varför skulle du i längden använda tobak, droger eller för mycket alkohol? Det är bara självdestruktivt. En natural high kan du istället nå via personlig utveckling, vila, fysisk träning, vänskap eller kanske kärlek och den känns mycket bättre. I detta kapitel fokuserar jag på att leva lagom sunt räcker långt för att må mycket bättre fysiskt och psykiskt.

Jag har aldrig haft problem med droger eller alkohol. Min tröst har jag funnit i mat, sötsaker och, när jag var utbränd, i tobak. Men jag tror att första steget till att bli av med vilken last det än gäller, är att återfinna lyckan i livet med alla de strategier som finns i denna bok.

När jag år 2011 gått upp 59 kg till att väga 145 kg, mötte jag ett antal människor som fick mig att påbörja en resa mot en mer effektiv kosthållning och träning.

Min sjukgymnast varnade mig för att om jag fortsatte att gå upp i vikt, kunde det bli svårare eller omöjligt att få orgasm. Jag hade i flera år försökt att börja träna, men den våren mötte jag också en personlig tränare på mitt gym. Han var väldigt rolig och ödmjuk. Han bjöd in mig bland sina styrketränarvänner och fick mig att känna mig som en i gänget. Jag kände mig ensam i livet vid den tiden. Att gymmet gav mig en större umgängeskrets motiverade mig extra mycket att träna.

Jag började att träna väldigt avslappnat och experimenterande. Detta var inte medvetet utan handlade bara om att jag inte orkade mer. Med tiden tog jag till mig fler och fler träningsråd från mer erfarna gymbrukare och läste på om effektivare träning.

När träningen fortskred allt bättre, började kilona sakta men säkert att försvinna. Då började jag gradvis att äta bättre och bättre för att inte förstöra mina träningsresultat.

Träningen och kosthållningen får självklart inte bli till nya självändamål som stressar en. Men att hålla jämvikten mellan att ta den extra sötsaken på kvällen och en mer disciplinerad vardag gör att man ofta trivs bättre med livet. Men Gud ska veta att det inte är hur lätt som helst!

Alla orkar inte träna så mycket. Plus är plus och minus är minus. En extra promenad då och då kan vara ett första steg eller det enda man orkar göra. Det är bra så.

Att idrotta två-tre gånger per vecka stärker intelligens, harmoni och stresstålighet även efter utbrändhet. Kombinationen konditionsträning och styrketräning är väldigt bra för att komma tillbaka till en lugnare själ i en sund kropp.[109]

Men kanske passar någon annan träning dig bättre? Då är självklart den formen rätt för dig. Bra är om den kombinerar kondition och styrka i minst en timma per gång helst tre gånger i veckan. Men en gång i veckan är ju bättre än inget. Sedan är idealet att gå 20–30 minuter i rask takt per dag utöver de tre träningspassen. Men lycka handlar ofta om att göra tillräckligt, inte om att maximera.

Var försiktig med hur ofta och hur tungt du tränar, så att du inte bränner ut dig eller skadar dig. Lagom vinner i längden. Du ska väl träna för att leva gott, inte leva för att träna hårt?

Det finns massvis med bra dieter därute. Jag har prövat flera olika. Kontakta en dietist för att hitta en som passar dig. Grunden är att inte äta mer kalorier än du gör av med men tillräckligt för att bli mätt.

Unna dig dock att leva gott också. Vad är en perfekt kropp värd, om själen inte mår bra? Min erfarenhet är att enstaka mat- och dryckesutsvävningar mest bara leder till tillfällig viktuppgång i vatten. Återgår jag efter en-två dagar med måttliga kaloriexcesser, som t.ex. en glass, till en sund kosthållning, så försvinner ofta viktökningen snabbt.

Arbete och hälsa

När jag befunnit mig i mina knivigaste utmaningar i arbets-livet eller under mina studier, som t.ex. inför en till synes omöjlig universitetstentamen, så har jag peppat mig själv med tanken att avsikten är att uppgiften skall ligga inom mänsklig förmåga att klara av. Men så är det sällan numera. Åren 2010–2015 ökade sjukskrivningarna för psykisk ohälsa och svår stress med 119 % i Sverige. Sjukskrivning för stress var den vanligaste psykiatriska diagnosen med sina 49 % av fallen.[110] Både elever, studenter och anställda på alla ställen i arbetslivet blir sjukskrivna för starka somatiska och/eller psykiska symtom. Vissa av dessa som blir sjuka av arbetslivet nekas samtidigt sjukpenning. Det är framför allt de som gett alltför mycket för länge som blir sjuka av stress.

Hur skall man då arbeta för att behålla jobbet, göra karriär eller studera utan att förlora hälsan?

Om du bedömer att du likt de flesta andra inte är hur stresstålig som helst, försök då att begränsa det du gör under din försörjningsaktivitet till en sak i taget. Klarar du inte av ekonomin under studierna utan extraarbete, kanske du kan dra ned på utsvävningarna så att extrajobben inte blir för övermäktiga?

Träna är bra för att klara stress, som jag skriver i ett annat kapitel.

Vi utvecklas av positiv stress som vid studier eller vid ut-veckling i jobbet eller vardagslivet. Men vi klarar bara stress om vi får tillräckligt med tid för återhämtning.

Det finns aktiv återhämtning som olika fritidssysselsätt-ningar. Dessa tar jag upp i andra kapitel.

Men vi behöver också passiv återhämtning som att sitta sysslolös, ibland även på jobbet, ha långtråkigt då och då, låta tankarna komma och gå, ta en sovmorgon, vara i naturen eller i en trädgård. Det kan vara okej att ibland vila på jobbet om man är stressad. En kort tupplur kan öka produktiviteten resten av dagen.

Ju mer avslappnad och lekfull hjärnan är, desto bättre fungerar ofta problemlösningsförmågan enligt faktaboken «Your brain at work». Ju mer vi fokuserar på en uppgift, desto mer försämras problemlösningsförmågan. Därför har schackpubliken ofta bättre lösningar än spelarna, eftersom spelarna fokuserar för mycket. Vi löser ofta stora problem på morgonen innan jobbet när vi dagdrömmer i duschen eller då vi sitter sysslolösa en stund. Då vi vilar som mest, kommer vi på som flest lösningar.[111] Självklart finns det dock fall då vi behöver arbeta mera intensivt med en uppgift. Den optimala nivån kallar jag för «bekväm effektivitet». Då känns kroppen och intellektet bekvämt avslappnade, men du får samtidigt en hel del gjort.

Sedan är hjärnan inte gjord för «många bollar i luften». Gör vi bara mer än en sak samtidigt börjar hjärnan genast att fungera sämre. En sak i taget och de viktigaste eller roligaste uppgifterna först är det som får oss att fungera bäst i längden.[112]

Min far som arbetade med effektivitetsfrågor på Volvo säger att det är skillnad på effektivitet och produktivitet. Produktivitet handlar om att göra så mycket, så snabbt och så ofta som möjligt. Effektivitet handlar om att få det bredaste, långvarigaste och mesta resultatet av hög kvalitet för varje given ansträngning. Arbetar man så åstadkommer man mer utrymme för paus och lek.

Ibland behöver vi dock arbeta mycket och snabbt. Till exempel i studierna under gymnasiet och på universitetet. Denna tid lägger grunden för din yrkesskicklighet under resten av livet. Ibland uppstår det ett tillfälligt, stort behov på jobbet eller hemma. Då kan vi klara av tillfällig stress. Vi får samtidigt komma ihåg att livet är ett 80-årigt maratonlopp.

Ska vi hålla hela vägen, kan vi oftast inte hålla mer än promenadfart. Vi behöver mycket fikapauser också. Men vissa snabba, intensiva 60-meterslopp kan vi få in. Men inte hela tiden eller för ofta.

Kvalitet är nödvändigt att sträva efter i din sysselsättning. Kvalitet krävs om arbetsplatsen ska nå sina mål. Skicklighet är också viktigt om du inte vill förlora arbetet. Men vad är då kvalitet? Ordet kommer av latinets *qualitas* som betyder beskaffenhet. Ordet är i sig neutralt, men vi förväntas skapa något som är positivt, som bereder nytta och/eller njutning så länge som möjligt för användarna utan att skada brukarna eller tredje part.

I begreppet kvalitet ligger i förlängningen att den bidrar till ett gott samhälle. Hur går detta till? Jag brukar säga att arbetsmetoder är en del av varans kvalitet. Är varan tillverkad under dåliga arbetsvillkor bidrar den till ett tuffare samhälle. I det får kunden arbeta hårt för att ha råd att köpa liknande produkter.

Säg att en vårdare arbetar med att göra en deprimerad person frisk men vårdaren gör det med stor uppoffring för sig själv. En god vårdinsats är bara delvis tillräcklig hjälp för att få de sjuka arbetsföra igen. En för strävsam arbetsinsats från en vårdare höjer i förlängningen ribban för de krav som kan ställas på sjuka i deras framtida arbeten efter sjukskrivningen. En för hög ribba från en vårdare kan också bibehålla eller öka dagens höga arbetstempo så att fler av konkurrensen tvingas arbeta så hårt att de också blir sjuka.

Ska en sjuk bli frisk igen, kan patienten i framtiden lätt behöva jobba lika hårt som de som vårdat hen gjort. Samma gäller alla produkter och tjänster som säljs. Enligt den ekonomiska doktrinen om «den järnhårda lönelagen» överlever de billigaste metoderna som lyckas sälja en produkt. Ett lågt pris förutsätter ofta krävande arbetsvillkor om företaget och dess anställda inte tänker efter hur de arbetar smart. Krävande arbetsvillkor tenderar att sprida sig. Men det finns ett handlingsutrymme där de som jobbar effektivt, trevligt och med pauser kan leverera likvärdig eller högre kvalitet till ett bättre pris än konkurrenter som bara arbetar hårt.

När vi dömer oss själva, dömer vi även våra medmänniskor även om vi predikar justehet. Det resultat med vilket ett mål nåddes bildar grunden för samhälls- och arbetsmoralen i stort. Försök jobba trevligt för att din klient eller kund ska få chansen att arbeta trevligt. Det är en viktig del i att skapa kvalitet.

Hjärnan arbetar ju också som bäst med problemlösning och kreativitet när den är avslappnad, lycklig, lekfull och, har jag erfarit, i vänliga, tillåtande miljöer med tydliga strukturer och realistiska mål. Att få en insikt som löser ett problem handlar om att vara så avslappnad så att all tankeverksamhet minimeras.[113] Sedan är det lättare att jobba med mänskliga villkor i länder med starka fack och robust arbetsrätt.

De rika och framgångsrika har talanger och färdigheter men är också vanliga dödliga. Du kan mycket du med. Men bränn inte ut dig. Rom byggdes inte på en dag. Även om statistiken talar emot dig, så kan du bevisa att du är det positiva undantaget. Individen kan alltid räddas om hen försöker, även om inte hela kollektivet kan få samma drömjobb. Lyckligtvis har vi alla oftast inte samma drömjobb.

Studera ordentligt i skolan eller universitetet. God kunskap kan ge jobb med bättre villkor och mer meningsfullhet på alla nivåer. Välj ett jobb som känns kul, så kan du i bästa fall få betalt för att arbeta med din hobby.

Knowhow handlar om vilka kunskaper vi har för arbetet vi utför. Någon form av knowhow vare sig du har ett truckförarkort eller akademisk examen ger betydligt bättre arbetsvillkor, meningsfullhet och lön än att bara ha en allmän gymnasiekompetens. Ju mer knowhow ett arbete kräver, desto färre arbetssökande tenderar att ha denna eftersökta kompetens. Vissa har bara grundskole- eller gymnasieexamen. Andra är utbildade för något annat yrke än det de söker. När tillgången på ens kunskaper är begränsad, kan du kräva högre lön och bättre arbetsvillkor än om du saknar knowhow. Ju mer knowhow du har, desto bättre inte bara lön utan även arbetsvillkor bör du och dina kollegor kräva av er arbetsgivare. Ta till vara på möjligheter till kompetensutveckling i lagom utsträckning. Stress löser inget.

Även om du har ett enkelt jobb bör du göra ditt bästa på jobbet. Det finns en psykisk effekt som kallas «flow». När du ger dig hän åt en uppgift, som utmanar din kompetens lite men inte för mycket, så trivs du ofta så bra med sysslan att du glömmer av dig själv och eventuella negativa tankar.[114] Denna känsla utsöndrar också hjärnans belöningsämne dopamin. Man kan få lyckorus av att jobba hängivet. Men vi behöver ändå goda villkor och pauser. Till slut blir hjärnan utmattad av för mycket dopamin. Ofta trivs man bättre på jobbet när man försvinner in i uppgiften. Kanske leder det till befordran?

Att gå med i facket kan också leda till befordran. De fackligt aktiva får vara med i förhandlingarna mellan arbetsgivare och arbetstagare om viktiga beslut som rör arbetsplatsens framtid. Där lär de fackanslutna sig hur ett företag bäst sköts.

Gör det du tror är bäst, inte vad du tror leder till framgång eller som uppskattas, så kommer du antagligen att lyckas bättre. De som säger vad de tror chefen vill höra kommer en bit, men de kommer inte nödvändigtvis allra längst. Ja-sägarna blir enligt min erfarenhet inte heller lika lyckliga som om de hade gjort vad de tror är rätt.

Men undvik att ta strider i onödan. Många jobbtraditioner har uppstått genom beprövad erfarenhet. Det kan vara givande att surfa på en framgångsrik våg, men säg ifrån när något verkligen kan förbättras. Ibland är protesten värd en eventuell strid. De som inte säger emot arbetsgivaren, kan ofta slippa en del tråkiga arbetsuppgifter medan de som kritiserar ledningen kan få försöka göra det de kritiserat bättre. Ofta sker utveckling i sicksack. Du utvecklas ofta mer som människa och medarbetare när du ibland går omvägar i livet, i dina tankar eller på jobbet. Att hela tiden gå den raka vägen mot målet är för de flesta omöjligt.

Lek lite på jobbet. Ett nöjessamtal med kollegor kan skapa lösningar på jobbproblem. Oftast är friheten större än du tror om du är vänlig och gör en rimlig jobbansträngning.

Ibland skapar vi oss mer stress än vad som krävs för ett fullgott resultat. Att fokusera på det ändamålsenliga utvecklar också ditt omdöme. Var effektiv inte produktiv. En lagom mängd arbetsuppgifter per dag ger ofta bättre resultat över tid. För att klara perioder med stress behöver vi tillräckligt med återhämtning. Man har rätt till kortare pauser, även powernaps, då och då. Svara inte på email för fort och för mycket. «Your brain at work» säger att den som gör det bara får fler email.

Att hantera utmaningar

När man känner the blues

Sedan 1980-talet har stressen på arbetet mångfaldigats i Sverige och västvärlden. I slutet av 1990-talet började stressen påverka mig negativt. Jag fick gå från ett jobb, blev arbetssökande efter examen och mitt första jobb som färdigutbildad ledde till sjukskrivning för kraftig överbelastning och negativ, social miljö på det arbetet.

Många med mig blir sjuka eller på annat sätt skadade på arbetet eller fritiden. Det är normalt att inte alltid känna sig på topp. Ofta kan det hjälpa mig att kalla det för normalt när jag känner mig nere men att sedan utan krav försöka se vad som är bra i mitt liv eller vad jag skulle kunna hitta på för kul saker som kanske också bygger upp mitt liv.

Om du eller någon annan lider psykiskt av något du/de varit med om eller känner, då kan det hjälpa mer att krama om sitt/deras inre barn och säga att det är ok att känna så.

För mig som har en psykisk känslighet och ofta bearbetar stress, kan det hjälpa att acceptera mitt illamående genom att säga: Men jag har ju faktiskt psykisk ohälsa och jag gör så gott jag kan.

Det stressar mig i onödan om jag säger att jag borde vara lika lycklig som någon som haft det bättre förspänt i livet. Om jag istället bedömer mig efter vilka mina förutsättningar är och varit och hur väl jag hanterar dessa, så blir jag ofta mer nöjd med mig själv.

Att säga högt för mig själv vad jag mår dåligt av kan ofta också lindra.[115]

Att någon minut eller två låta tankarna komma och gå i syftet att inte tänka på något är att meditera eller utöva mindfulness. Det kan sänka stress, minska lidande, skänka acceptans inför en själv och livet samt höja ens handlingskraft. Det är under meditationen okej om vilken tanke som helst kommer men släpp den bara då och kommer det någon ny tanke släpp den också. Ett knep för att göra detta är att lära sig inse att du och dina känslor eller tankar är inte samma sak. Som jag redan sagt, när en negativ tanke eller känsla dyker upp, kan du säga där var du känsla si eller så och sedan släppa den. Man kan också samtidigt sitta på en stol med händerna på knäna, blunda och andas djupt i 10–15 minuter.

Att försjunka i en uppgift kan som sagt enligt Flow-teorin minska grubblandet. För mycket ältande kan ofta leda till deppighet. Det är naturligt att bearbeta saker men också att släppa taget när det är färdigbearbetat eller man inte kommer längre just då.

Sömn är viktigt för de flesta för att känna lycka och harmoni. De som inte sover alls på tre dygn utvecklar nästan ofelbart ett tillfälligt psykostillstånd. Själv vet jag att om jag sovit för lite i några dagar eller ansträngt mig för mycket så kan jag bli väldigt mörk till sinnes. Får jag bara sova 20–30 minuter känner jag mig lycklig och fri som en fågel. Detta kallas för att ta en powernap. Om man vet att man ska anstränga sig under en längre tid som om man har dubbla pass på ett jobb kan en halvtimmas tupplur före ansträngningen börjar ge en extra ork och glädje.

Att röra på sig, visar vetenskapen och mångas erfarenhet, är väldigt bra för att få bort oro i kroppen. Om du hoppar upp och ner i en minut så får du upp flåset. Det kan hjälpa mot ångest. Då aktiveras samma system som ångestsystemet och kroppen hinner inte ägna så mycket energi åt ångesten. Att ta en promenad kan också skingra tankarna.

Att prata med någon trevlig människa kan hjälpa. Det som gör en olycklig i ensamhet är ofta allmänmänskligt och kan ge tröst eller anledning till skratt om man säger det högt och i sällskap. Men mår du riktigt illa under en längre tid, så bör du kontakta någon professionell person att prata med. Ett besök på din vårdcentral kan leda dig rätt till en början.

Alla gör misstag, även du. Så märkvärdig är du inte. Du precis som alla förtjänar ett gott liv ändå. Försök att inte upprepa misstaget bara. Även om att upprepa sina misslyckanden fungerade för basketspelaren Jordan som jag nämnt. Gör du rätt någon gång emellanåt så räcker det långt. Repetera allt du gör gott för andra och dig själv och repetera inte bara dina misstag för dig. Vi fokuserar ofta på det negativa för det positiva behöver inte lösas, men man kan bli glad om man påminner sig om det positiva ibland.

Att mycket av det vi oroar oss för aldrig händer är en gammal visdom som bl.a. den romerske filosofen Seneca yttrade.

Sinnesrobönen är en kristen bön. Den amerikanske prästen och teologen Reinhold Niebuhr skrev den 1926 med bl.a. dem som ville bli kvitt ett missbruk som målgrupp. Den vanligare, förkortade versionen på svenska lyder:

«Gud ge mig sinnesro att acceptera det jag inte kan förändra, mod att förändra det jag kan och förstånd att inse skillnaden.»[116]

Om vi ser till att inte utsätta oss för alltför lång stress utan återhämtning, så fungerar prefrontala kortex, en del i hjärnan som förhindrar oss från dåliga beslut, väl. Skynda långsamt, så kan du känna mer tillit till din beslutsförmåga.

Se ditt misstag ur hela mänsklighetens repertoar av olika misstag. Troligen faller ditt misstag inom normalspannet. Idén om andras perfektion kan ge olycka. Men folk är ofta varken så lyckliga, goda, högpresterande eller lyckade som de ser ut. Lyssna på alla en liten stund så berättar de flesta om något missöde eller något imperfekt. Delad olycka kan som tur är ofta skapa harmoni och skratt.

Odla en kärleksfull skepsis till dina medmänniskor och fundera över vilka lurigheter de antagligen har eller har haft för sig. Du är i ganska gott sällskap som lagom operfekt.

Se också ditt misstag i förhållande till hur hela ditt liv gått. Just den här sekunden, kan det kännas svårt. Men sett över tid brukar du säkert sköta dig rätt bra.

Den mesta stressen är inte nödvändig. Försök att prioritera det som är viktigast att satsa på för att du ska sköta jobbet, din hälsa och din familj väl. På sikt lyckas du kanske ändå genomföra merparten av vad du vill.

Det är naturligt att inte alltid vara glad. Känslor är vårt sätt att kommunicera till oss själva och andra hur vi vill bli bemötta och vilka behov vi har. Om du gör något åt det en negativ känsla belyser, kan du ha kommit på en lösning för dig, din omgivning eller samhället. Nya uppfinningar uppstår ju ofta som en lösning på något som upphovsmannen funnit fel i tillvaron tidigare.

Ibland kan jag bli ledsen när vänner eller släktingar går fel väg i livet. De kan dricka för mycket alkohol, röka för mycket tobak, stressa för mycket etc. Ibland blir vi alla sjuka eller råkar ut för hemskheter utan egen förskyllan. Ibland händer detta dem som står oss allra närmast. Vi ska ju alla dö en dag. Självklart blir vi ledsna och mer än så av sådant. Då får vi gråta en stund eller tala med någon annan närstående. Men sedan får vi gå vidare. Om något hemskt hänt eller händer någon i din närhet, hjälper det vare sig dem, dig eller någon annan om du själv blir deprimerad. «The show must go on» som rockgruppen Queen så vackert och vemodigt sjöng. Du kan inte förhindra olyckor genom att vare sig leva mer moraliskt eller bli bedrövad. Du kan heller inte bära andra mer än några enstaka stunder. För folk som vill ha mer hjälp, gäller det att rösta på ett parti som är för en så hög skatt att välfärden räcker till alla som behöver hjälp. Vi kan också bara i den mån vi orkar och vill hjälpa andra med det de vill ha hjälp med. Du kan inte styra andra. Men du kan försöka leva ett gott liv där du har kul, mår bra och fungerar väl som en inspiration för din omgivning. Bara om du mår bra, kan du hjälpa andra och då bara i viss mån.

Konflikthantering

Alla gör misstag och vi ska ändå försöka bemöta varandra med vänlighet och respekt. Ingen är bättre än någon annan. Vi får alla göra så gott vi kan.

När två människor är i konflikt har två olika personers behov kolliderat. Du har fullt bestämmande över dig själv och hur du vill bli behandlad och andra över sig. Känner du dig behandlad annorlunda än du vill, får du visa vad du känner och uttrycka hur du vill bli behandlad. Detta är min tolkning av ett sätt att hantera konflikter som kallas giraffspråket. Detta språk ingår i konflikthanteringsmetoden «Non-violent communication» skapad av Marshall Rosenberg.

Motsatsen till giraffspråket är vargspråket där man skäller och är aggressiv. Vargspråket värderar och bedömer den andra personen genom att t.ex. kalla hen för en idiot. Giraffspråket förespråkar att vänligt och tydligt uttrycka sina känslor inför vad den andra gjort utifrån de behov man själv har. I giraffspråket ber man om en annan lösning som bättre stämmer överens med ens egna behov.

Vargspråket föder kedjereaktioner av negativa handlingar och ord från båda parter och löser inte konflikten.

Giraffspråket är behagligare och mer funktionellt, tycker jag.

Är någon arg eller elak, är bästa sättet ändå att svara vänligt men bestämt och hävda sina gränser och behov. Svarar man elakt, är det svårare att avgöra vems felet är.

Svarar man konstant vänligt men bestämt och sakligt, lugnar den andre oftast ner sig eller så har man i alla fall själv inte gjort något att skämmas över.

Möter man dock en extra aggressiv person gäller istället spelteorin som lär oss att bemöta lika med lika. Hoppa av när någon annan gör det, samarbeta om du inviteras. Snälla/sociala människor har svårt för det, men strategin säger att de snälla ibland behöver bli bättre på att bemöta väldigt aggressiva personer med deras egen medicin. Korthugget och avvisande helt enkelt. Extremt aggressiva eller dysfunktionella personer lugnar inte ner sig, förrän du visat att du inte kan trampas på.

En balanserad attityd

Oftast är en balanserad attityd till de flesta av sina egna, omgivningens och livets (inbillade) krav till stor hjälp. Föreställ dig worse case-scenariot av allting. Vad det än är kan det inte vara värre än det faktum romarna kom på. Vi kommer alla dö och utstå och orsaka fysisk/psykisk smärta någon gång. Allt det värsta kommer alltså ändå hända. Kan man acceptera detta, så får vi njuta så länge det fungerar bättre än så.

Vi kan inte tillfredsställa alla parter. Vi kan inte kontrollera bort alla misstag. Du har inte samma åsikter och värderingar som alla människor och inte ens samma som dem du är släkt med, tycker om eller älskar. Gör ditt bästa etiskt, i livet och på jobbet, men du kan inte lyckas med allt. Den enda du ska leva med hela ditt liv är dig själv. Så försök att älska dig själv. Du är värd det.

Sedan kommer såväl du som jag hela våra liv ha våra ups and downs, jobbiga känslor och utmaningar. Då kan vi läsa om denna bok eller olika självhjälpsböcker för att hämta kraft och/eller försöka tillämpa råden dessa ger. Fungerar inte det, hjälper det ofta att sova på saken.

Lycka är inget du lär dig så där och som sedan sitter kvar konstant resten av livet. Däremot kan vi sträva efter att så gott vi kan genom vår egen inre utveckling och andras råd lära oss att hantera livet.

Har du som jag varit med om en del tuffa saker i livet, kan vi nog lita på att vi i alla fall ibland kan göra skapligt ifrån oss även i framtiden.

Grunden för att du ska orka, vilja och kunna älska dem och det som betyder mycket för dig är att du älskar dig själv. Och att du vilar, sover, tränar, socialiserar och roar dig tillräckligt.

Livet är slutligen till sin natur oförutsägbart och föränderligt. Precis som Douglas Adams sade i sin SF-satir «Liftarens

Guide till Galaxen» så om någon någonsin skulle få reda på både frågan om och svaret på meningen med livet så skulle universum ersättas av en ännu mer ologisk, absurd och osammanhängande plats. Vi kan följa goda råd och det räcker långt. Men till slut upptäcker man att fel kan leda till rätt och rätt till fel. Vi bör ha goda råd och egna reflektioner som grund, men i slutändan måste vi leva livet på förhand och får facit först i efterhand som Kierkegaard sade. Så ha kul, busa lite lagom, begär inte perfektion av dig själv eller andra och tacka inte nej till en kyss i onödan.

Det finns troligen för de flesta en stor tillfredsställelse i att inte bara konsumera nöjen, utan även i att skapa eller göra saker själv. Det kan vara att förfärdiga konst eller musik, att skriva en bok, att göra sitt hem extra fint, att handarbeta, att idrotta, att samla frimärken eller vad som helst där du uttrycker dig själv. Kort sagt, hobbies där vi förverkligar våra bästa sidor ger livet en extra fin nyans. När den dagen kommer, lev så att du kan stämma in i Frank Sinatras bevingade versrad: «I did it my way».

Livet handlar slutligen om «trial and error». Gå ut och pröva dina vingar på ditt sätt!

Referenslitteratur

Böcker eller självständigt publicerade verk

- Almérus, Annelie m.fl., Arbetsmarknadsutsikterna 2019, Arbetsförmedlingen (Stockholm, 2019)
- Andersson, Christina, COMPASSIONEFFEKTEN, Natur & Kultur (Stockholm, 2016)
- Ankarloo, fil. dr. Daniel, «Välfärdsmyter Visst har vi råd att finansiera tryggheten» (Stockholm, 2010)
- Burkeman, Oliver, Motg!ftet – Lycka för pessimister, Natur & Kultur (Stockholm, 2014)
- Csíkszentmihályi, Mihály, Flow, Natur & Kultur (Stockholm, 1992, 1996, 2001)
- Dahlén, Micael, Kaosologi, Volante (Stockholm, 2016)
- Ehrenberg, Johan, Hoppet – en bok om hur enkelt du räddar världen, Leopard Förlag (Stockholm, 2018)
- Ehrenberg, Johan och Ljungren Sten, «Ekonomihandboken», ETC förlag (Stockholm, 2012)
- Ekman, Kajsa Ekis, Skulden, Leopard förlag (Stockholm, 2013)
- Greider, Göran och Linderborg, Åsa, Populistiska manifestet, Natur & Kultur (Stockholm, 2018)
- Hallberg, Klas, Hångla mer! – En bok om att ge sig hän, Klas Hallberg Publishing (Stockholm, 2015)
- Hansen, Anders, «Hjärnstark : hur motion och träning stärker din hjärna», Fitnessförlaget (Stockholm, 2016)
- Hobsbawm, E.J., Ytterligheternas tidsålder Det korta 1900-talet: 1914-1991, Prisma (Stockholm, 1994, 1999)
- Jenkins, Keith, On 'What Is History?', Routledge (London, 1995)

- Jenkins, Keith, Rethinking History, Taylor & Francis (London, 1991)
- Jonkman, Linus, SJÄLV Kraften i egentid, FORUM (Stockholm, 2016)
- Klein, Naomi, «Chockdoktrinen Katastrofkapitalismens genombrott», Ordfront förlag (Stockholm, 2008)
- Karolina Källoff m.fl., Hur mår våra studenter?, Studenthälsan Malmö högskola, (Stockholm, 2013)
- Lewis, Michael, The Big Short: Inside the Doomsday Machine, W.W. Norton & Company (New York, 2010)
- Liedman, Sven-Eric, Från Platon till kriget mot terrorismen: De politiska idéernas historia, Albert Bonniers förlag (Stockholm, 2012)
- Luyendijk, Joris, Simma med hajar, Natur & Kultur (Stockholm, 2015)
- Martinez, Raoul, Frihet, Ordfront (Stockholm, 2019)
- Reinfeldt, Fredrik, Det sovande folket, Moderata Ungdomsförbundet, (Stockholm, 1993)
- Rock, David, Your brain at work, HarperCollins (New York, 2009) s. 113–114
- Sandström, Karin och Schön, Elin, Förskolans flera funktioner – En studie av föräldrars uppfattningar om förskolans roll för barnet, föräldrarna och samhället. – Examensarbete inom lärarutbildningen, Sociologiska instiutionen, Göteborgs universitet (Göteborg, 2009) Ss. 14–26
- Schildfat, Tobias, Vägen till din första miljon : alla kan bygga en egen pengamaskin, Roos & Tegner (Stockholm, 2018)
- Sverenius, Torsten, Vad hände med Sveriges ekonomi efter 1970, Statens offentliga utredningar från Kulturdepartementet, SOU 1999:150 (Stockholm, 1999) https://www.regeringen.se/49bb79/contentassets/32c275af8ae34e64bd90c0263cf2cf59/vad-hande-med-sveriges-ekonomi-efter-1970

- Wilkinson, Richard och Pickett, Kate, Jämlikhetsanden: därför är mer jämlika samhällen nästan alltid bättre samhällen, Karneval förlag, (Stockholm, 2011)

Artiklar eller osjälvständigt publicerade verk

- Andersson, Helena, «Tyskarna först med automatisk sopsortering», Miljö & Utveckling (Stockholm, 2002-10-23) http://miljo-utveckling.se/tyskarna-forst-med-automatisk-sopsortering/
- Attenius, Jonas (S), «Dags att rusta upp Skeppsbron – så här vill vi att det ska se ut», Göteborgs-Posten, (Göteborg, 2020-03-06) https://www.gp.se/debatt/dags-att-rusta-upp-skeppsbron-s%C3%A5-h%C3%A4r-vill-vi-att-det-ska-se-ut-1.24884498
- Axelsson, Inge, «Sämre kvalitet i vård med vinst», Svenska Dagbladet (Stockholm, 2013-04-09) https://www.svd.se/samre-kvalitet-i-vard-med-vinst
- Berglund, Catarina, «De sparar genom att anställa fler», Kommunalarbetaren (Stockholm, 2017-12-05) https://ka.se/2017/12/05/de-sparar-genom-att-anstalla-fler/
- Boström, Håkan, « Mot en ny borgerlighet», Göteborgs-Posten, 2020-02-16 s. 2
- Brandt, Christer, «Det var inte välfärden som gav 90-talets ras» Flamman (Stockholm, 2012-08-29) http://flamman.se/a/det-var-inte-valfarden-som-gav-90-talets-ras
- Brandt, Oskar, «Mot en era utan olja», På Plats i Väster Hälsa & Friskvård, Nr 3 – 2010
- Bäckman Lägerdal, Lena, «Privatekonom: Inte hållbart på lång sikt», Arbetet (Stockholm, 2017-04-03) https://arbetet.se/2017/04/03/privatekonom-inte-hallbart-pa-lang-sikt/
- Drenzel, Stephan och Thomsen, Dante «Sparkade Adelsohn: «SJ är en lekstuga för okunniga politiker»,

Dagens Media (Stockholm, 2011-04-07) https://www.
dagensmedia.se/medier/pr/sparkade-adelsohn-sj-ar-en-
lekstuga-for-okunniga-politiker-6174354

- Ekman, Kajsa Ekis «Så gör banken pengar av luft»,
  Aftonbladet, 2017-02-02 https://www.aftonbladet.se/
  kultur/bokrecensioner/a/r6xrw/sa-gor-banken-pengar-av-
  luft
- Eldh, Kerstin, «Assar Lindbeck har rustat Sverige illa»,
  ETC (Stockholm, 2020-01-10) https://www.etc.se/
  debatt/assar-lindbeck-har-rustat-sverige-illa
- Ewenfeldt , Björn, TT, «Oxfam: 2018 ett guldår för
  miljardärerna», Svenska Dagbladet (Stockholm, 2019-
  01-21) https://www.svd.se/oxfam-2018-ett-guldar-for-
  miljardarerna
- Mari Forssblad, «Så kan lagen om anställningsskydd
  ändras – förslagen i ny utredning», SVT.se (Stockholm,
  2020-05-24) https://www.svt.se/nyheter/inrikes/ar-en-
  katastrofutredning
- Frizell, Sam, «S&P: Income Inequality Is Damaging the
  Economy», TIME USA (New York, 2014-08-05) http://
  time.com/3083100/income-inequality/
- Grant, Victoria, Victoria Grant and Public banking,
  Youtube (2012) https://www.youtube.com/
  watch?v=Bx5Sc3vWefE
- Guillou, Jan, «Hårdare straff leder till ökad brottslighet»,
  Aftonbladet (Stockholm, 2019-06-23) https://www.
  aftonbladet.se/nyheter/kolumnister/a/zGVlX1/hardare-
  straff-leder-till-okad-brottslighet
- Hagberg, Mattias, «Vi måste tala om slumpen»
  (2018-09-27), https://www.gp.se/kultur/kultur/vi-
  m%C3%A5ste-tala-om-slumpen-1.11152775
- Höjer, Henrik, «Allt fler superrika i Sverige», Forskning
  & Framsteg Nr 3 (Stockholm, 2019-04-11) https://fof.se/
  tidning/2019/3/artikel/allt-fler-superrika-i-sverige

- Höjer, Henrik, «Därför växer klyftorna i Sverige», Forskning & Framsteg Nr. 4 (Stockholm, 2018-03-13) https://fof.se/tidning/2018/4/artikel/darfor-vaxer-klyftorna-i-sverige
- Karlsson, Karl-Johan, «Hemliga planen: Sänk lönerna», Expressen (Stockholm, 2009-09-10) https://www.expressen.se/nyheter/hemliga-planen-sank-lonerna/
- Klepke, Martin, «Rödgrön bostadspolitik lyckas mest», Arbetet (Stockholm, 2017-02-26) http://arbetet.se/2017/02/26/rodgron-bostadspolitik-lyckas-mest/
- Lagerspetz, Olli, «Ägande som befrielse eller förbannelse», Tidskriften Ikaros, (Åbo, 2016) Nr 3-4 Ss.13-14
- Lampinen, Heidi, «Vem kan leva på en minimilön i Bangladesh?», Globalportalen (Stockholm, 2018-10-03) https://globalportalen.org/artiklar/nyhet/vem-kan-leva-pa-en-minimilon-i-bangladesh
- Laurén, Anna-Lena, «I Ryssland går tågen i tid – oavsett köld eller slask» Dagens Nyheter (Stockholm, 2019-02-05) https://www.dn.se/nyheter/varlden/anna-lena-lauren-i-ryssland-gar-tagen-i-tid-oavsett-kold-eller-slask/
- Lidwall, Ulrik och Olsson-Bohlin, Christina, «Sjukskrivning för reaktioner på svår stress ökar mest», Psykisk ohälsa, Korta analyser (2016:2) https://www.forsakringskassan.se/wps/wcm/connect/41903408-e87d-4e5e-8f7f-90275dafe6ad/korta_analyser_2016_2.pdf?MOD=AJPERES&CVID=
- Lindberg, Anders, «EU får inte sälja våra rättigheter» Aftonbladet (Stockholm, 2016-06-01) https://www.aftonbladet.se/ledare/a/kaKXLv/eu-far-inte-salja-vara-rattigheter
- Lindberg, Carl, Stå upp för en vinstfri skola!, Uppsala Nya Tidning, (Uppsala, 2013-04-02) http://www.unt.se/asikt/debatt/sta-upp-for-en-vinstfri-skola-2355372.aspx

- Linton, Magnus och Ramqvist, Karolina, «I huvudet på Reinfeldt», Arena (Stockhom, 2005) nr 2 S. 34
- Kadhammar, Peter, «Svenska järnvägen är en läxa till liberala fanatiker», Aftonbladet (Stockholm, 2014-01-15) https://www.aftonbladet.se/nyheter/kolumnister/a/Xw4Bbn/svenska-jarnvagen-ar-en-laxa-till-liberala-fanatiker
- Kainz Rognerud, Knut, «Reinfeldt sänker skatten mer än Bo Lundgren» svt.se (Stockholm, 2013-09-18) https://www.svt.se/nyheter/inrikes/reinfeldts-skattesankningar-140-miljarder-kronor
- Klepke, Martin, «Facit efter åtta år med Alliansen: Fler arbetslösa», Arbetet (Stockholm, 2020-01-15) https://arbetet.se/2020/01/15/vad-far-vi-for-privatiseringarna/
- Magnusson, Erik, «Neutralitet. «En politik av eftergifter»», Populär Historia (Lund, 2001-05-25) https://popularhistoria.se/politik/neutralitet-en-politik-av-eftergifter
- Malmberg, Lena Ss. 277–279 «1980-talet och varför allt stannade» i Elf Karlén, Moa (red.), Hundra år av gemenskap – i kamp för socialism och människovärde, Nixon (Linköping, 2003)
- Martos Nilsson, Mårten, «Så försvann skyddet vid sjukdom och arbetslöshet», Arbetet (Stockholm, 2019-04-26) https://arbetet.se/2019/04/26/sa-forsvann-skyddet-vid-sjukdom-och-arbetsloshet
- Nilsson , Kim, «Utredning: Så kan den nya a-kassan bli – tak på 25 000» Arbetet (Stockholm, 2020-06-16) https://arbetet.se/2020/06/16/utredning-sa-kan-den-nya-a-kassan-bli-tak-pa-25-000/
- Nomen Nescio, «Antalet människor på flykt når 70 miljoner», UNHCR (Stockholm, 2019), https://www.unhcr.org/neu/se/27030-antalet-manniskor-pa-flykt-nar-70-miljoner-unhcr-uppmanar-till-solidaritet.html

- Nomen Nescio, «Asylsökande driver på ekonomisk tillväxt», SCB, https://www.scb.se/hitta-statistik/artiklar/2016/Asylsokande-driver-pa-ekonomisk-tillvaxt/

- Nomen Nescio, «Fosforn kan ta slut om 60 år», Sveriges Radio (Stockholm, 2011-05-30) https://sverigesradio.se/sida/artikel.aspx?programid=406&artikel=4527644

- Nomen Nescio, «Inte ens The Economist tycker det är en bra idé att företag ska stämma stater», Skiftet (Stockholm, 2014-11-06) https://skiftet.org/2014/11/inte-ens-the-economist-tycker-det-ar-en-bra-ide-att-foretag-ska-stamma-stater/

- Nomen Nescio, «Jag ska studera», A-kassan Vision (Stockholm, 2019-03-04) https://www.akassanvision.se/ersattning-och-villkor/om-ersattningen/jag-ska-studera/

- Nomen Nescio, «Kontorslandskap – hur påverkar det oss?», Stockholms universitet, (Stockholm, 2013-09-13) https://www.su.se/forskning/forskningsnyheter/kontorslandskap-hur-p%C3%A5verkar-det-oss-1.13

- Nomen Nescio, «Lokalpolitiker kan avgöra klimatutsläpp», WWF (Stockholm, 2018-09-20) https://www.wwf.se/nyheter/lokalpolitiker-kan-avgora-klimatutslapp/

- Nomen Nescio, «Svenska skolresultat sjunker i jämförelse med andra OECD-länder», Sveriges radio (Stockholm, 2013-12-03) http://sverigesradio.se/sida/artikel.aspx?programid=95&artikel=5722284

- Nomen Nescio, Pick the Brain (New York, 2010-10-14) https://www.pickthebrain.com/blog/10-amazing-success-lessons-from-michael-jordan/

- Nomen Nescio, «Strukturella orsaker till sjunkande skolresultat» Skolverket (Stockholm, 2013-01-25) http://www.skolverket.se/skolutveckling/forskning/ledarskap-organisation/strukturella-faktorer/strukturella-orsaker-till-sjunkande-skolresultat-1.189964 Skolverket har dock tagit bort förutnämnda artikel, men ni kan läsa en sammanfattning av den av Carlsson, C.G., «Förändra helt!» (Luleå, 2014-10-30) http://www.s-info.se/page/blogg.asp?id=989&blogg=67255

- Nomen Nescio, «Utredning tillsätts för att utreda arbetsrätten», Sveriges Regering (Stockholm, 2019-04-25) https://www.regeringen.se/pressmeddelanden/2019/04/utredning-tillsatts-for-att-utreda-arbetsratten/

- Nomen Nescio/TT, « Utredningen: Fem får undantas från las-lista», Lag & Avtal (Stockholm, 2020-06-01) https://www.lag-avtal.se/arbetsratt/utredningen-fem-far-undantas-fran-las-lista-6996324

- Nomen Nescio, «Ulf Adelsohn: «Järnvägen – en lekstuga för okunniga politiker», Sveriges Radio, «Ulf Adelsohn: «Järnvägen – en lekstuga för okunniga politiker» (Stockholm, 2011-04-07) https://sverigesradio.se/sida/artikel.aspx?programid=1650&artikel=4444740

- Nomen Nescio, «Vulkaner destruktiva och fascinerande», Sveriges Radio (Stockholm, 2010-04-29) https://sverigesradio.se/sida/artikel.aspx?programid=3304&artikel=3663300

- Nyberg, Mikael, « Nya tekniken är guld värd – för de rika» (2019-06-16), https://www.aftonbladet.se/kultur/a/0nrMEM/nya-tekniken-ar-guld-vard--for-de-rika

- Nyhaga, Michael, «Så orsakar låg kontroll på jobbet sjukdom», (2009-06-09) https://www.suntarbetsliv.se/forskning/organisatorisk-och-social-arbetsmiljo/ny-stressteori-sa-orsakar-lag-kontroll-sjukdom/

- Nylander, Lotta, «Grit är grejen – om du vill lyckas i skolan», (2017-11-09) https://www.forskning.se/2017/11/09/grit-ar-grejen-om-du-vill-lyckas-i-skolan/

- Odlind, Cecilia, «Social samvaro skyddar vår hälsa», Karolinska Institutet (Stockholm, 2015-04-21,

Uppdaterad: 2015-09-07) https://nyheter.ki.se/social-samvaro-skyddar-var-halsa

- Palast, Greg, «Robert Mundell, evil genius of the euro», The Guardian (London, 2012-06-26) https://www.theguardian.com/commentisfree/2012/jun/26/robert-mundell-evil-genius-euro
- Reepalu, Ilmar, «Vi behöver reglera vinsterna i välfärden», Dagens Nyheter (Stockholm, 2016-03-18) http://www.dn.se/debatt/vi-behover-reglera-vinsterna-i-valfarden/
- Riccius, Gerd, «Vad är egentligen lycka?» (2018-09-26), https://www.gp.se/livsstil/gerd-riccius-vad-%C3%A4r-egentligen-lycka-1.10834580
- Sandberg, Jennie, «Sov bättre med kiwi!»(2014-07-04), https://www.mabra.com/sov-battre-med-kiwi/
- Sternlycke, Hans. «Föreningen Svenska Järnvägsfrämjandet: «Flyget olönsamt utan subvention»», InfraSverige (Stockholm, 2018-01-29) http://www.infrasverige.se/luftfart/fa-reningen-svenska-ja-rnva-gsfra-mjandet-flyget-ola-nsamt-utan-subvention
- Tidningarnas Telegrambyrå, «Extrapeng gjorde psyksjuka friskare», Svenska Dagbladet (Stockholm, 2015-03-05) https://www.svd.se/extrapeng-gjorde-psyksjuka-friskare
- Westerlind Wigström, Christian, «Budgetreglerna måste moderniseras», SvD 2012-08-26, https://www.svd.se/budgetreglerna-maste-moderniseras
- Wiman, Einar, «Må bättre – skaffa dig en hobby» (2017-02-01), https://www.motivation.se/innehall/ma-battre-skaffa-dig-en-hobby
- Åsberg, Jon «En nation av stekvändare», Affärsvärlden (Stockholm, 2014-10-07) http://www.affarsvarlden.se/tidningen/article3853702.ece

Intervjuer

- E-postintervju med Johan Ehrenberg, ansvarig utgivare för Dagens ETC, 2020-04-12
- Intervju med fil. dr. Daniel Ankarloo 2020-03-31

Uppslagsverk

- «Behovshierarki», https://sv.wikipedia.org/wiki/Behovshierarki
- «Flykting», Wikipedia.org, https://sv.wikipedia.org/wiki/Flykting
- «Försvarsmakten (Sverige)», Wikipedia, https://sv.wikipedia.org/wiki/F%C3%B6rsvarsmakten_(Sverige)#Insatsorganisationen
- «Indelningsverket», Wikipedia, org, https://sv.wikipedia.org/wiki/Indelningsverket
- «Mario Monti», sv.wikipedia.org, https://sv.wikipedia.org/wiki/Mario_Monti
- «Migrationskrisen i Europa», Wikipedia.org, https://sv.wikipedia.org/wiki/Migrationskrisen_i_Europa
- «Nattväktarstat», Wikipedia.org, http://sv.wikipedia.org/wiki/Nattväktarstat
- «Natural rate of unemployment», Wikipedia.org, https://en.wikipedia.org/wiki/Natural_rate_of_unemployment
- «Sinnesrobönen», https://sv.wikipedia.org/wiki/Sinnesrob%C3%B6nen
- «Tobinskatt», Wikipedia, https://sv.wikipedia.org/wiki/Tobinskatt
- «Värnplikt i Sverige», Wikipedia.org, https://sv.wikipedia.org/wiki/V%C3%A4rnplikt_i_Sverige

Slutnoter

1 Linton, Magnus och Ramqvist, Karolina, «I huvudet på Reinfeldt», Arena (Stockhom, 2005) nr 2 S. 34

2 Martos Nilsson, Mårten, «Facit efter åtta år med Alliansen: Fler arbetslösa», Arbetet (Stockholm, 2014-08-29) https://arbetet. se/2014/08/29/facit-efter-atta-ar-med-alliansen-fler-arbetslosa/
Klepke, Martin, «Facit efter åtta år med Alliansen: Fler arbetslösa», Arbetet (Stockholm, 2020-01-15) https://arbetet.se/2020/01/15/vad-far-vi-for-privatiseringarna/

3 Reinfeldt, Fredrik, Det sovande folket, Moderata Ungdomsförbundet, (Stockholm, 1993) S. 52

4 Sverenius, Torsten, Vad hände med Sveriges ekonomi efter 1970, Statens offentliga utredningar från Kulturdepartementet, SOU 1999:150 (Stockholm, 1999) https://www.regeringen.se/49bb79/contentassets/32c275af8ae34e64bd90c0263cf2cf59/vad-hande-med-sveriges-ekonomi-efter-1970 Ss. 108–110

5 Sverenius (1999) S. 16
Klepke, Martin, «Facit efter åtta år med Alliansen: Fler arbetslösa», Arbetet (Stockholm, 2020-01-15) https://arbetet.se/2020/01/15/vad-far-vi-for-privatiseringarna/

6 Martinez, Raoul, Frihet, Ordfront (Stockholm, 2019) S. 165

7 Eldh, Kerstin, «Assar Lindbeck har rustat Sverige illa», ETC (Stockholm, 2020-01-10) https://www.etc.se/debatt/assar-lindbeck-har-rustat-sverige-illa
Brandt, Christer, «Det var inte välfärden som gav 90-talets ras» Flamman (Stockholm, 2012-08-29) http://flamman.se/a/det-var-inte-valfarden-som-gav-90-talets-ras

8 Karlsson, Karl-Johan, «Hemliga planen: Sänk lönerna», Expressen (Stockholm, 2009-09-10) https://www.expressen.se/nyheter/hemliga-planen-sank-lonerna/

9 Klein, Naomi, «Chockdoktrinen Katastrofkapitalismens genombrott», Ordfront förlag (Stockholm, 2008) S. 13

10 Malmberg, Lena Ss. 277–279 «1980-talet och varför allt stannade» i Elf Karlén, Moa (red.), Hundra år av gemenskap – i kamp för socialism och människovärde, Nixon (Linköping, 2003)

11 Höjer, Henrik, «Allt fler superrika i Sverige», Forskning & Framsteg Nr 3 (Stockholm, 2019-04-11) https://fof.se/tidning/2019/3/artikel/allt-fler-superrika-i-sverige

Höjer, Henrik, «Därför växer klyftorna i Sverige», Forskning & Framsteg Nr. 4 (Stockholm, 2018-03-13) https://fof.se/tidning/2018/4/artikel/darfor-vaxer-klyftorna-i-sverige

12 Ewenfeldt , Björn, TT, «Oxfam: 2018 ett guldår för miljardärerna», Svenska Dagbladet (Stockholm, 2019-01-21) https://www.svd.se/oxfam-2018-ett-guldar-for-miljardarerna

13 «Nattväktarstat», Wikipedia.org, http://sv.wikipedia.org/wiki/Nattväktarstat

14 Lagerspetz, Olli, «Ägande som befrielse eller förbannelse», Tidskriften Ikaros, (Åbo, 2016) Nr 3-4 Ss.13-14

15 Luyendijk, Joris, Simma med hajar, Natur & Kultur (Stockholm, 2015)

16 Ekman, Kajsa Ekis, Skulden, Leopard förlag (Stockholm, 2013) Ss, 34–35

17 Ekman (2013) Ss. 33–34

18 Brandt, Oskar, «Mot en era utan olja», På Plats i Väster Hälsa & Friskvård, Nr 3 – 2010
Lewis, Michael, The Big Short: Inside the Doomsday Machine, W.W. Norton & Company (New York, 2010)

19 Ekman, Kajsa Ekis «Så gör banken pengar av luft», Aftonbladet, 2017-02-02 https://www.aftonbladet.se/kultur/bokrecensioner/a/r6xrw/sagor-banken-pengar-av-luft

20 Ehrenberg, Johan och Ljungren Sten, «Ekonomihandboken», ETC förlag (Stockholm, 2012) https://ekonomihandboken.se/den-nyliberala-politiken/vad-betyder-en-oberoende-riksbank/
Westerlind Wigström, Christian, «Budgetreglerna måste moderniseras», SvD 2012-08-26, https://www.svd.se/budgetreglerna-maste-moderniseras

21 Ekman, Kajsa Ekis «Så gör banken pengar av luft», Aftonbladet, 2017-02-02 https://www.aftonbladet.se/kultur/bokrecensioner/a/r6xrw/sagor-banken-pengar-av-luft
Grant, Victoria, Victoria Grant and Public banking, Youtube (2012) https://www.youtube.com/watch?v=Bx5Sc3vWefE

22 Ehrenberg, Johan och Ljungren Sten, «Ekonomihandboken», ETC förlag (Stockholm, 2012) https://ekonomihandboken.se/finanskrisen/ar-bankerna-neutrala/
Ekman, Kajsa Ekis «Så gör banken pengar av luft», Aftonbladet, 2017-02-02 https://www.aftonbladet.se/kultur/bokrecensioner/a/r6xrw/sagor-banken-pengar-av-luft

23 Ekman (2013) Ss. 218–221

24 Klein, Naomi, «Chockdoktrinen Katatastrofkapitalismens genombrott», Ordfront förlag (Stockholm, 2008) Ss. 17-18

25 Luyendijk (2015) Ss. 113–115

26 Sverenius (1999) Ss. 115-116

27 Lindberg, Anders, «EU får inte sälja våra rättigheter» Aftonbladet (Stockholm, 2016-06-01) https://www.aftonbladet.se/ledare/a/kaKXLv/eu-far-inte-salja-vara-rattigheter

Nomen Nescio, «Inte ens The Economist tycker det är en bra idé att företag ska stämma stater», Skiftet (Stockholm, 2014-11-06) https://skiftet.org/2014/11/inte-ens-the-economist-tycker-det-ar-en-bra-ide-att-foretag-ska-stamma-stater/

28 Hobsbawm, E.J., Ytterligheternas tidsålder Det korta 1900-talet: 1914-1991, Prisma (Stockholm, 1994, 1999) Ss.23-27, 648-651

29 «Mario Monti», sv.wikipedia.org, https://sv.wikipedia.org/wiki/Mario_Monti

30 Greider, Göran och Linderborg, Åsa, Populistiska manifestet, Natur & Kultur (Stockholm, 2018) Ss. 245–247

31 Palast, Greg, «Robert Mundell, evil genius of the euro», The Guardian (London, 2012-06-26) https://www.theguardian.com/commentisfree/2012/jun/26/robert-mundell-evil-genius-euro

32 Frizell, Sam, «S&P: Income Inequality Is Damaging the Economy», TIME USA (New York, 2014-08-05) http://time.com/3083100/income-inequality/

33 Åsberg, Jon «En nation av stekvändare», Affärsvärlden (Stockholm, 2014-10-07) http://www.affarsvarlden.se/tidningen/article3853702.ece

34 Karlsson, Karl-Johan, «Hemliga planen: Sänk lönerna», Expressen (Stockholm, 2009-09-10) https://www.expressen.se/nyheter/hemliga-planen-sank-lonerna/

35 Martos Nilsson, Mårten, «Så försvann skyddet vid sjukdom och arbetslöshet», Arbetet (Stockholm, 2019-04-26) https://arbetet.se/2019/04/26/sa-forsvann-skyddet-vid-sjukdom-och-arbetsloshet

36 Nilsson , Kim, «Utredning: Så kan den nya a-kassan bli – tak på 25 000» Arbetet (Stockholm, 2020-06-16) https://arbetet.se/2020/06/16/utredning-sa-kan-den-nya-a-kassan-bli-tak-pa-25-000/

37 Sverenius (1999) S. 98

38 Kainz Rognerud, Knut, «Reinfeldt sänker skatten mer än Bo Lundgren» svt.se (Stockholm, 2013-09-18) https://www.svt.se/nyheter/inrikes/reinfeldts-skattesankningar-140-miljarder-kronor

39 Nomen Nescio, «Antalet människor på flykt når 70 miljoner», UNHCR (Stockholm, 2019), https://www.unhcr.org/neu/se/27030-antalet-manniskor-pa-flykt-nar-70-miljoner-unhcr-uppmanar-till-solidaritet.html

Nomen Nescio, «Flykting», Wikipedia.org, https://sv.wikipedia.org/wiki/Flykting

Nomen Nescio, «Migrationskrisen i Europa», Wikipedia.org, https://
sv.wikipedia.org/wiki/Migrationskrisen_i_Europa

Nomen Nescio, «Asylsökande driver på ekonomisk tillväxt», SCB,
https://www.scb.se/hitta-statistik/artiklar/2016/Asylsokande-driver-
pa-ekonomisk-tillvaxt/

40 «Natural rate of unemployment», Wikipedia.org, https://en.wikipedia.
org/wiki/Natural_rate_of_unemployment

41 Sverenius (1999) hela boken samt ss 115-116

42 Ehrenberg, Johan och Ljungren Sten, «Ekonomihandboken»,
ETC förlag (Stockholm, 2012) https://ekonomihandboken.se/den-
nyliberala-politiken/darfor-maste-den-offentliga-konsumtionen-oka/

43 E-postintervju med Johan Ehrenberg, ansvarig utgivare för Dagens
ETC, 2020-04-12

44 Nomen Nescio, «Lokalpolitiker kan avgöra klimatutsläpp», WWF
(Stockholm, 2018-09-20) https://www.wwf.se/nyheter/lokalpolitiker-
kan-avgora-klimatutslapp/

45 Greider och Linderborg (2018) S. 38

46 Lindberg, Anders, «Äldrevården är Sveriges största misslyckande»,
Aftonbladet (Stockholm, 2020-04-12) https://www.aftonbladet.se/
ledare/a/Vb8L11/aldrevarden-ar-sveriges-storsta-misslyckande

47 Odlind, Cecilia, «Social samvaro skyddar vår hälsa», Karolinska
Institutet (Stockholm, 2015-04-21, Uppdaterad: 2015-09-07) https://
nyheter.ki.se/social-samvaro-skyddar-var-halsa

48 Sandström, Karin och Schön, Elin, Förskolans flera funktioner - En studie
av föräldrars uppfattningar om förskolans roll för barnet, föräldrarna
och samhället. - Examensarbete inom lärarutbildningen, Sociologiska
instiutionen, Göteborgs universitet (Göteborg, 2009) Ss. 14–26

49 Klein, Naomi, «Chockdoktrinen Katatastrofkapitalismens
genombrott», Ordfront förlag (Stockholm, 2008) Ss. 15

50 Mari Forssblad, «Så kan lagen om anställningsskydd ändras –
förslagen i ny utredning», SVT.se (Stockholm, 2020-05-24) https://
www.svt.se/nyheter/inrikes/ar-en-katastrofutredning
Nomen Nescio/TT, » Utredningen: Fem får undantas från las-lista»,
Lag & Avtal (Stockholm, 2020-06-01) https://www.lag-avtal.se/
arbetsratt/utredningen-fem-far-undantas-fran-las-lista-6996324

51 Berglund, Catarina, «De sparar genom att anställa fler»,
Kommunalarbetaren (Stockholm, 2017-12-05) https://
ka.se/2017/12/05/de-sparar-genom-att-anstalla-fler/

52 Rock, David, Your brain at work, HarperCollins (New York, 2009)

53 Nomen Nescio, «Kontorslandskap – hur påverkar det oss?»,
Stockholms universitet, (Stockholm, 2013-09-13) https://www.su.se/

forskning/forskningsnyheter/kontorslandskap-hur-p%C3%A5verkar-det-oss-1.133026

54 Ankarloo, fil. dr. Daniel, «Välfärdsmyter Visst har vi råd att finansiera tryggheten» (Stockholm, 2010)

55 Klein, Naomi, «Chockdoktrinen Katatastrofkapitalismens genombrott», Ordfront förlag (Stockholm, 2008) S. 15

56 Ankarloo, fil. dr. Daniel, «Välfärdsmyter Visst har vi råd att finansiera tryggheten» (Stockholm, 2010)

57 Intervju med fil. dr. Daniel Ankarloo 2020-03-31

58 Klepke, Martin, «Rödgrön bostadspolitik lyckas mest», Arbetet (Stockholm, 2017-02-26) http://arbetet.se/2017/02/26/rodgron-bostadspolitik-lyckas-mest/

59 Attenius , Jonas (S), «Dags att rusta upp Skeppsbron - så här vill vi att det ska se ut», Göteborgs-Posten, (Göteborg, 2020-03-06) https://www.gp.se/debatt/dags-att-rusta-upp-skeppsbron-s%C3%A5-h%C3%A4r-vill-vi-att-det-ska-se-ut-1.24884498

60 Klein, Naomi, «Chockdoktrinen Katatastrofkapitalismens genombrott», Ordfront förlag (Stockholm, 2008) Ss. 15

61 Axelsson, Inge, «Sämre kvalitet i vård med vinst», Svenska Dagbladet (Stockholm, 2013-04-09) https://www.svd.se/samre-kvalitet-i-vard-med-vinst

62 Boström, Håkan, » Mot en ny borgerlighet», Göteborgs-Posten, 2020-02-16 s. 2

63 Tidningarnas Telegrambyrå, «Extrapeng gjorde psyksjuka friskare», Svenska Dagbladet (Stockholm, 2015-03-05) https://www.svd.se/extrapeng-gjorde-psyksjuka-friskare

64 Boström, Håkan, » Mot en ny borgerlighet», Göteborgs-Posten, 2020-02-16 s. 2

65 Kadhammar, Peter, «Svenska järnvägen är en läxa till liberala fanatiker», Aftonbladet (Stockholm, 2014-01-15) https://www.aftonbladet.se/nyheter/kolumnister/a/Xw4Bbn/svenska-jarnvagen-ar-en-laxa-till-liberala-fanatiker
Sternlycke, Hans. «Föreningen Svenska Järnvägsfrämjandet: «Flyget olönsamt utan subvention»», InfraSverige (Stockholm, 2018-01-29) http://www.infrasverige.se/luftfart/fa-reningen-svenska-ja-rnva-gsfra-mjandet-flyget-ola-nsamt-utan-subvention

66 Drenzel, Stephan och Thomsen, Dante «Sparkade Adelsohn: «SJ är en lekstuga för okunniga politiker», Dagens Media (Stockholm, 2011-04-07) https://www.dagensmedia.se/medier/pr/sparkade-adelsohn-sj-ar-en-lekstuga-for-okunniga-politiker-6174354

67 Sverige Radio, «Ulf Adelsohn: «Järnvägen - en lekstuga för okunniga politiker» (Stockholm, 2011-04-07) https://sverigesradio.se/sida/artikel.aspx?programid=1650&artikel=4444740

68 Laurén, Anna-Lena, «I Ryssland går tågen i tid – oavsett köld eller slask» Dagens Nyheter (Stockholm, 2019-02-05) https://www.dn.se/nyheter/varlden/anna-lena-lauren-i-ryssland-gar-tagen-i-tid-oavsett-kold-eller-slask/

69 Andersson, Helena, «Tyskarna först med automatisk sopsortering», Miljö & Utveckling (Stockholm, 2002-10-23) http://miljo-utveckling.se/tyskarna-forst-med-automatisk-sopsortering/

70 Nomen Nescio, «Fosforn kan ta slut om 60 år», Sveriges Radio (Stockholm, 2011-05-30) https://sverigesradio.se/sida/artikel.aspx?programid=406&artikel=4527644

71 Nomen Nescio, «Vulkaner destruktiva och fascinerande», Sveriges Radio (Stockholm, 2010-04-29) https://sverigesradio.se/sida/artikel.aspx?programid=3304&artikel=3663300

72 Grant, Victoria, Victoria Grant and Public banking, Youtube (2012) https://www.youtube.com/watch?v=Bx5Sc3vWefE

73 Nomen Nescio, «Svenska skolresultat sjunker i jämförelse med andra OECD-länder», Sveriges radio (Stockholm, 2013-12-03) http://sverigesradio.se/sida/artikel.aspx?programid=95&artikel=5722284

74 «Strukturella orsaker till sjunkande skolresultat» Skolverket (Stockholm, 2013-01-25) http://www.skolverket.se/skolutveckling/forskning/ledarskap-organisation/strukturella-faktorer/strukturella-orsaker-till-sjunkande-skolresultat-1.189964 Skolverket har dock tagit bort förutnämnda artikel, men ni kan läsa en sammanfattning av den av Carlsson, C.G., «Förändra helt!» (Luleå, 2014-10-30) http://www.s-info.se/page/blogg.asp?id=989&blogg=67255

75 Reepalu, Ilmar, «Vi behöver reglera vinsterna i välfärden», Dagens Nyheter (Stockholm, 2016-03-18) http://www.dn.se/debatt/vi-behover-reglera-vinsterna-i-valfarden/

76 Lindberg, Carl, Stå upp för en vinstfri skola!, Uppsala Nya Tidning, (Uppsala, 2013-04-02) http://www.unt.se/asikt/debatt/sta-upp-for-en-vinstfri-skola-2355372.aspx

77 Lampinen, Heidi, «Vem kan leva på en minimilön i Bangladesh?», Globalportalen (Stockholm, 2018-10-03) https://globalportalen.org/artiklar/nyhet/vem-kan-leva-pa-en-minimilon-i-bangladesh

78 Wilkinson, Richard och Pickett, Kate, Jämlikhetsanden: därför är mer jämlika samhällen nästan alltid bättre samhällen, Karneval förlag, (Stockholm, 2011)

79 Bäckman Lägerdal, Lena, «Privatekonom: Inte hållbart på lång sikt», Arbetet (Stockholm, 2017-04-03) https://arbetet.se/2017/04/03/privatekonom-inte-hallbart-pa-lang-sikt/

80 Karlsson, Karl-Johan, «Hemliga planen: Sänk lönerna», Expressen (Stockholm, 2009-09-10) https://www.expressen.se/nyheter/hemliga-planen-sank-lonerna/

81 Karolina Källoff m.fl., Hur mår våra studenter?, Studenthälsan Malmö högskola, (Stockholm, 2013)

82 Almérus, Annelie m.fl., Arbetsmarknadsutsikterna 2019, Arbetsförmedlingen (Stockholm, 2019)
    Karolina Källoff m.fl., Hur mår våra studenter?, Studenthälsan Malmö högskola, (Stockholm, 2013)

83 Almérus, Annelie m.fl., Arbetsmarknadsutsikterna 2019, Arbetsförmedlingen (Stockholm, 2019) Ss. 36-37

84 Karolina Källoff m.fl., Hur mår våra studenter?, Studenthälsan Malmö högskola, (Stockholm, 2013)

85 Nomen Nescio, «Jag ska studera», A-kassan Vision (Stockholm, 2019-03-04) https://www.akassanvision.se/ersattning-och-villkor/om-ersattningen/jag-ska-studera/

86 Magnusson, Erik, «Neutralitet. «En politik av eftergifter»», Populär Historia (Lund, 2001-05-25) https://popularhistoria.se/politik/neutralitet-en-politik-av-eftergifter
    «Försvarsmakten (Sverige)», Wikipedia, https://sv.wikipedia.org/wiki/F%C3%B6rsvarsmakten_(Sverige)#Insatsorganisationen
    «Värnplikt i Sverige», Wikipedia.org https://sv.wikipedia.org/wiki/V%C3%A4rnplikt_i_Sverige
    «Indelningsverket», Wikipedia, org, https://sv.wikipedia.org/wiki/Indelningsverket

87 Guillou, Jan, «Hårdare straff leder till ökad brottslighet», Aftonbladet (Stockholm, 2019-06-23) https://www.aftonbladet.se/nyheter/kolumnister/a/zGVlX1/hardare-straff-leder-till-okad-brottslighet

88 Wilkinson, Richard och Pickett, Kate, Jämlikhetsanden: därför är mer jämlika samhällen nästan alltid bättre samhällen, Karneval förlag, (Stockholm, 2011)

89 «Tobinskatt», Wikipedia, https://sv.wikipedia.org/wiki/Tobinskatt

90 Dahlén, Micael, Kaosologi, Volante (Stockholm, 2016) Ss. 30–32, 38-44

91 Nylander, Lotta, «Grit är grejen – om du vill lyckas i skolan», (2017-11-09) https://www.forskning.se/2017/11/09/grit-ar-grejen-om-du-vill-lyckas-i-skolan/

92 Sandberg, Jennie, «Sov bättre med kiwi!»(2014-07-04), https://www.mabra.com/sov-battre-med-kiwi/

93 Hallberg, Klas, Hångla mer! – En bok om att ge sig hän, Klas Hallberg Publishing (Stockholm, 2015)

94 Hagberg, Mattias, «Vi måste tala om slumpen» (2018-09-27), https://www.gp.se/kultur/kultur/vi-m%C3%A5ste-tala-om-slumpen-1.11152775

95 Nomen Nescio, Pick the Brain (New York, 2010-10-14) https://www.pickthebrain.com/blog/10-amazing-success-lessons-from-michael-jordan/

96 Burkeman, Oliver, Motg!ftet – Lycka för pessimister, Natur & Kultur (Stockholm, 2014) Ss.176-7, 183

97 Jenkins, Keith, On ‚What Is History?‘, Routledge (London, 1995)
    Jenkins, Keith, Rethinking History, Taylor & Francis (London, 1991)

98 Rock, David, Your brain at work, HarperCollins (New York, 2009) s. 77, 80

99 Jenkins, Keith, On ‚What Is History?‘, Routledge (London, 1995)
    Jenkins, Keith, On ‚What Is History?‘, Routledge (London, 1995)

100 Dahlén (2016) Ss. 81–83

101 Andersson, Christina, COMPASSIONEFFEKTEN, Natur & Kultur (Stockholm, 2016)

102 «Behovshierarki», https://sv.wikipedia.org/wiki/Behovshierarki

103 Schildfat, Tobias, Vägen till din första miljon: alla kan bygga en egen pengamaskin, Roos & Tegner (Stockholm, 2018)

104 Jonkman, Linus, SJÄLV Kraften i egentid, FORUM (Stockholm, 2016) S. 59

105 Jonkman, Linus, SJÄLV Kraften i egentid, FORUM (Stockholm, 2016) S. 5

106 Riccius, Gerd, «Vad är egentligen lycka?» (2018-09-26), https://www.gp.se/livsstil/gerd-riccius-vad-%C3%A4r-egentligen-lycka-1.10834580

107 Dahlén (2016) Ss. 32, 38–41

108 Wiman, Einar, «Må bättre – skaffa dig en hobby» (2017-02-01), https://www.motivation.se/innehall/ma-battre-skaffa-dig-en-hobby

109 Hansen, Anders, «Hjärnstark : hur motion och träning stärker din hjärna», Fitnessförlaget (Stockholm, 2016)

110 Lidwall, Ulrik och Olsson-Bohlin, Christina, «Sjukskrivning för reaktioner på svår stress ökar mest», Psykisk ohälsa, Korta analyser (2016:2) https://www.forsakringskassan.se/wps/wcm/connect/41903408-e87d-4e5e-8f7f-90275dafe6ad/korta_analyser_2016_2.pdf?MOD=AJPERES&CVID=

111 Rock (2009) s. 77, 80

112 Rock (2009) s. 33

113 Rock (2009) s. 77, 80

114 Csíkszentmihályi, Mihály, Flow, Natur & Kultur (Stockholm, 1992, 1996, 2001)

115 Csíkszentmihályi, Mihály, Flow, Natur & Kultur (Stockholm, 1992, 1996, 2001)

116 «Sinnesrobönen», https://sv.wikipedia.org/wiki/Sinnesrob%C3%B6nen